四川客家方言语法比较研究

王春玲◎著

人民出版社

目　录

第一章 绪 论

第一节 四川客家方言概况

1 四川客家方言概况

四川在元末明初和清朝前期发生过两次规模空前的大移民，移民带来的方言形成了四川方言分布格局，崔荣昌（1996：9）指出，"四川方言是移民的产物"。今四川、重庆境内除普遍通行以成都话、重庆话为代表的西南官话外，还分布着客家方言、湘方言、安徽话和闽语。

崔荣昌（2011：37）根据地方志和族谱记载，认为四川境内的客方言是在清代从康熙初年到乾隆中期一百多年内逐步形成的。客家移民来自广东、福建、江西，61 宗支移民中，有 43 宗支由广东入蜀，有 10 宗支由福建直接入蜀，有 8 宗支由江西直接入蜀。绝大多数客家移民来自广东，因此四川客家人自称是"广东人"，把客家话称为"广东话"。从方言特征看，其中川西成都、川东南内江隆昌、川西南西昌黄联几个点的客家方言与粤东客家方言有很亲近的亲缘关系，仪陇客家方言则与粤北客家方言有很亲近的亲缘关系（兰玉英、蓝鹰、曾为志等 2015：15）。

入川客家人分布地域比较广泛，他们大多采取"大分散、小聚居"方式，小至一个村，大至几个毗邻的乡镇，形成大小不等的客家方言岛。崔荣昌（2011：39）经过艰苦细致的调查，确定四川境内有 72 个县市有客家人分布，不过目前有些客家村落已无人会说客家话，如南部楠木镇、广安花桥镇、三台县等，有些偏远的客家村落还没有被发现，如 72 个县市里没有邻水县冷家乡大坪客家村。因此，四川客家方言点分布的具体地域及使用现状尚需作进一步的调查。

2 客家方言调查点概况

客家人大多采取"大分散、小聚居"的方式，因此选取调查点时，既要考虑分布相对集中的方言点，也要考虑相对分散的方言点；既要考虑到经济条件较好的平原、丘陵，也要考虑到贫困落后的山区。选取的客家方言点有：重庆荣昌区盘龙镇大建村；成都市新都区石板滩镇黄果村；资中县铁佛镇柏龙村；隆昌市响石镇；邻水县冷家乡大坪村；仪陇县乐兴乡三跳石村。

（1）重庆荣昌区盘龙镇大建村[①]

荣昌区隶属重庆市，位于重庆市西部，地处四川、重庆两地接壤处，距重庆主城区 90 公里，距成都 240 公里。东靠重庆市大足区、永川区，西接四川省隆昌市，南邻四川泸州市泸县，北与四川内江市东兴区、资阳市安岳县接壤。荣昌区辖 15 个镇 6 个街道，幅员面积 1079 平方公里，人口为 84.74 万，荣昌区的客家人聚居在盘龙镇。

盘龙镇是一个集农业和商贸为一体的边陲重镇，是中国夏布之乡，重庆市最大的客家方言岛。该镇位于荣昌区西北部，距县城 32 公里，距四川省隆昌市 22 公里，地域面积 126 平方公里，22 个自然村，现有 8.3 万人，其中客家 4 万余人，地域、人口位于荣昌区乡镇之首。客家人大多是广东客家移民的后裔，集中分布在石田村、大建村和白鹤寺村，本书以盘龙镇大建村为调查点。

盘龙镇大建村共 3960 人，客家人有 2800 人，占总人口 77.8%。大建客家村民相互交流使用客家话，对外使用"湖广话"。小学生基本能听懂客家话，但不主动学习和使用客家话，家庭用语普遍使用"湖广话"。

（2）四川成都市新都区石板滩镇黄果村

新都区位于四川盆地西部，隶属于四川省成都市，幅员面积 482 平方公里，距四川省会成都市 16 公里。辖 11 个镇 2 个街道办事处，常住人口 62 万人。客家人主要聚居在木兰、泰兴、石板滩 3 个镇，本书以石板滩镇黄果村为调查点。

石板滩镇位于成都东北隅，新都东南隅，距成都市 17 公里，距新都 16 公里，处于成都东山客家聚居区的中心地带。该镇客家民俗、建筑和客家话保存较好。石板滩镇的黄果村位于石板滩镇东部，属浅丘地形，面积 2.95 平

---

① 荣昌区今隶属于重庆市，1997 年重庆成为直辖市前隶属于四川。因此本书选取四川客家方言点时，把重庆市荣昌区盘龙镇客家方言岛也列为考察点。

方公里。黄果村分设 7 个小组，农业户数 837 户，人口 2867 人。整个黄果村村民都能讲流利的客家话，嫁进来的妇女和小孩大多会客家话，当地居民日常交际基本上使用客家话。

（3）四川资中县铁佛镇柏龙村

资中县位于沱江中游，成渝线中段，东西长 64.49 公里，南北宽 52.13 公里，幅员面积 1733.96 平方公里。全县辖 31 个镇 2 个乡。资中客家人主要聚居在铁佛镇柏龙村，铁佛镇和威远县客家聚居区石坪乡接壤。本书以铁佛镇柏龙村为调查点。

铁佛镇位于资中县城西 36 公里处。古镇建于清乾隆五十三年（1788），因建有铁佛寺而得名。21 个行政村、1 个居民委员会，总人口 32000 余人。铁佛镇属浅、深丘过渡地带，盛产黄谷、玉米、小麦、红薯、花生、油菜籽等，乡村公路四通八达。柏龙村是小范围的客家聚居地，距镇政府约 4 公里，共 17 个居民组，大约 4000 多人，绝大多数是客家人。该村客家居民相互之间普遍用客家话交流，但年青人已普遍使用"湖广话"，有的甚至已听不懂客家话。

（4）四川隆昌市响石镇鹰嘴村

隆昌市地处四川盆地南部，属典型丘陵地貌。隆昌处于成渝两大都市中部，距成都市 210 公里、重庆市 138 公里，素有"川南门户"之称。全县幅员面积 794 平方公里，辖 17 个镇 2 个街道办事处 1 个省级经济技术开发区，共有 365 个行政村和 46 个社区，总人口 78 万。

隆昌是四川盆地南部最大的客家人聚居地，人口约 20 多万，主要集中在响石、周兴、胡家、圣灯等乡镇。客家话在隆昌被称为"土广东话"，本书以响石镇鹰嘴村为调查点。响石镇距县城 19 公里，总幅员面积 52 平方公里，鹰嘴村大约共有 1800 人，客家姓氏有魏、钟、李、曾等，以魏姓居多。会说客家话的人以中老年为主，青少年大多不会客家话。例如该方言点发音人魏吉仲的妻子结婚前不会说客家话，婚后由婆婆教会客家话，今子女都会说客家话，但孙子辈都不会说客家话了。

（5）四川邻水县冷家乡大坪村

邻水县，古称邻州，地处川东南，毗邻重庆市。全县辖 18 个镇，27 个乡，全县总人口约 90 万人。境内通行四川官话，只有地处偏僻的冷家乡大坪村和汤巴丘村聚居着客家人，我们以冷家乡大坪村为调查点。

冷家乡地处铜锣山中段西麓，辐员面积41平方公里，辖7个村55个组，总人口11836人。被誉为"川东民居活化石"的汤巴丘古建筑群位于该乡，乡内矿产资源以煤矿为主。冷家乡的客家人主要聚族居住在大坪村和汤巴丘村，形成邻水县特有的客家社区。大坪村位于中山万峰山下，老龙洞旁，海拔855米，辖区面积7.3平方公里，共有7个村民小组，987人。大坪村主要客家姓氏有钟、李、姜、谭、黄、林、谢、饶、刘、邹等，其中钟李八姓12支系来自广东，黄姓来自江西。外地嫁进来的五六十岁的妇女不会讲客家话，如大坪村一组黄代珍（生于1955年）。据该点发音人介绍，到他这一辈，只有部分五六十岁及以上的客家人才会说客家话，除了作为长子的他会说客家话，家里5个弟弟妹妹都只会一点儿客家话。到了孩子这一辈基本不会讲客家话，大坪村刘省全主任的女儿刘文丽二十多岁，她甚至不知道父辈会讲客家话，不知道自己是客家人。由此可见，邻水冷家乡的客家话已濒临消亡。

（6）四川仪陇县乐兴乡三跳石村

仪陇县位于四川省东北部，距成都市276公里，距南充市71公里，人口110万人。仪陇客家人集中分布在乐兴乡、武鹏乡、周河镇、丁字桥镇和马鞍乡，是清朝康熙至乾隆年间从粤北韶州府乳源县迁徙来的，主要有朱、饶、陈、张、许、潘等姓。朱德故居的《朱氏宗谱·序》云："朱氏世居延平府龙溪县，于明成化初年朱聪一郎徙居汀州府上杭县紫金山笋竹坝瓦子街，所生一子朱万一郎父子居住数十载，然后迁于广东韶州府乳源县龙溪枫树坪，后移梯下居住……"（引自《沛国朱氏续修家谱》1994年）我们以乐兴乡三跳石村为调查点。

乐兴乡是仪陇客家第一乡，距县城66公里，辐员面积24.3平方公里，其中耕地面积5662亩，属浅丘陵。全乡8个村，2个农村居委会，57个社，2648户，10598人（其中非农业人口457人）。该乡95%以上的都是客家人。三跳石村是乐兴乡最大的村，辖10个居民小组，距乡政府2.5公里，全是客家人。当地客家人自称说的是"广东话"或"土广东话"。该村年青人外出务工，回到家乡不愿学说客家话。小学生在校使用普通话或四川话，回到家只会简单的客家用语，他们普遍使用四川话和家人交流。因此，仪陇客家方言岛也正快速萎缩、消亡。

第二节　四川客家方言研究现状

关于四川客家方言研究，已有成果集中在如下两个方面：

1　四川客家方言语音、词汇研究

率先用现代语言学研究方法系统调查四川客家方言的是董同龢。1946 年董同龢调查了华阳凉水井的客家话，用国际音标记录了 20 段自成片段的语料和 3500 个左右的词，整理成《华阳凉水井客家话记音》，该文准确的记音和翔实的语料为四川客家方言后续研究提供了宝贵资料。

继董同龢对华阳凉水井客家方言调查近 40 年之后，黄雪贞 1986 年实地调查描写了成都市郊龙潭寺客家话的声韵调及语音、词汇特点，指出成都客家话在继承客家话特征词的同时，也吸收了不少西南官话的词汇，黄雪贞有关四川客家话的论著，为进一步全面深入研究客家方言提供了重要参考。

近年来，陆续有学者致力于四川客家话语音、词汇研究，如段英（2002）《四川黄联关客家话与梅县客家话的比较》注重考察了黄联关和梅县客家话在声韵调方面的异同，曾为志（2006）《新都客家话与梅县客家话及成都官话词汇比较研究》得出新都客家话和梅县客家话具有很大的一致性，新都客家话既保留了客家方言很多特征词，同时也借入了一定数量的官话词语。王庆（2006）《龙潭寺客家话语音研究》、周冀（2007）《隆昌客家话语音研究》、黄尚军、曾为志（2007）《四川新都客家话音系》、宋伶俐、朴正俸（2010）《成都客家方言岛词汇使用现状调查——以"华阳凉水井客家话"为例》、兰玉英、曾为志（2011）《成都客家方言基本词汇的演变方式初探》、兰玉英、曾为志、闵卫东（2013）《四川客家方言的语音特点及其分区》等均分别着重考察了四川客家方言的语音、词汇特点。

此外，有关四川客家方言的专著不断涌现，如兰玉英（2005）《洛带客家方言研究》、兰玉英等（2007）《泰兴客家方言研究》、崔荣昌（2011）《四川境内的客方言》、郊远春（2012）《成都客家话研究》。这些专著的共同点也都侧重于语音和词汇，大大促进了四川客家方言研究，不足在于语法的调查和研究比较欠缺。崔荣昌先生的专著《四川境内的客方言》调查了成都合兴、威远、仪陇、西昌四个点的客家方言音系、音变、声韵调配合关系、同音字汇、词条和几十条语法例句，系统展示了四川客家方言的语音和词汇面貌。可喜的是，兰玉英、蓝鹰、曾为志等（2015）《汉语方言接触视角下的四川客家方言研究》一书，除语音、词汇外，还专辟章节调查了客家方言语法，初步展示了四川客家方言的语法面貌。

2　四川客家方言的来源和文化阐释

崔荣昌根据实地调查和族谱资料，全面梳理了四川客家方言的源流、分布和迁徙情况，如《四川方言与巴蜀文化》（1996）揭示了四川客家的来源、分布、传统习俗、客家话的特点。学界其他学者，如黄尚军、曾为志、李文泽等对此问题也作了有益探讨，如李文泽（1995）《四川的客家人和客家方言》主要探讨了四川客家人的来源和四川客家方言特征，认为四川客家人是清代初年迁徙来的。

除了注重来源研究，部分学者也注重客家文化方面的研究，崔荣昌和兰玉英在这方面的成就比较突出。崔荣昌（1996）《四川方言与巴蜀文化》专辟"四川客家人的传统习俗"来介绍客家人的文化礼俗及客家山歌，兰玉英（2005）《成都东山客家方言中"公"、"嫲"的语言解读和文化解读》梳理了"公、嫲"的义项，讨论了"公、嫲"用作命名的理据等，《成都客家方言词汇与文化简论》（2008）讨论了成都客家方言词汇的面貌及其所反映的文化内容。

综上，与语音、词汇等相比，四川客家方言语法研究显得很滞后，语法往往被作为语音、词汇的一个补充或只是列举语法例句。兰玉英（2007）《泰兴客家方言研究》一书，在语音和词汇部分之后，分"词类及其特点"和"句式"两节展示了单点客家话的语法面貌，但未跟其它方言点作比较。崔荣昌在《四川境内的客方言》（2011：79）一书中明确指出："我们在调查四川客家话的时候，由于时间、精力有限，所搜集和记录的语法材料可以说太少了。"因此，该书语法部分只记录了几十条语法例句。邝远春（2012）在《成都客家话研究》中涉及到客家话的语法，但只是概括列举语法特点，未作深入研究。兰玉英、蓝鹰、曾为志等（2015）对语法调查较详细，但未揭示不同客家方言点之间的语法差异，同时有些语法特点，如结构助词、体貌助词、句式等的调查欠系统和深入。

面对语法研究的不足，四川客家方言存在如下亟待解决的问题：

（1）四川客家方言经历了 300 多年的历史变迁，语音和词汇都分别发生了一定程度的演变，语法方面是否也发生了演变，有哪些演变特征和规律？

（2）四川中老年客家人都是双方言者，四川客家方言和毗邻带官话语法有何异同？和闽粤赣客话在语法方面仍存在哪些共性？方言接触引发的语法演变方式和特点有哪些？这些问题也亟待研究。

（3）四川各客家方言岛在使用人口、地理交通、经济文化等多方面存在诸多差异，这些因素对各客家方言岛的语法演变有何影响？

鉴于此，本书以多点方言语法比较为切入点，借助第一手语料和文献资料，对入川已有 300 年之久的四川客家方言语法进行深入、细致、系统的研究。

第三节 研究意义、思路和方法

1 研究意义

四川客家人大多能操双方言，但同时又有着特别坚定的母语意识。因此，客家方言研究对于语言传承与变异、语言接触及语言融合等的研究具有不可替代的价值。四川客家话是远离客家方言大本营（赣南闽西粤东）的一支，对其现状的研究尤其是与官话接触而形成的语法特点的研究，具有较高的价值和意义。具体研究价值和意义主要有如下几点：

（1）有助于为历史语言学及语言接触研究提供丰富的语料，同时对观察方言系统的动态演变具有一定的理论意义和实用价值。四川客家人大多是双方言者，和官话的接触非常密切，虽然同属于客家方言，但由于处在不同的语言环境中，彼此间的发展演变呈现出不平衡性，例如不同方言点的结构助词和否定词的演变处在不同的发展阶段，通过不同方言点的共时比较，可构建出某语法成分的动态演变过程。而已有研究大多限于孤立式描写单点方言而疏于比较，因此方言演变规律未得到很好的揭示。

（2）有助于充分揭示四川客家方言的语法系统和特征，以弥补语法研究的不足。四川客家方言已有研究成果着重于语音和词汇研究，这是不争的事实。本书试图调查比较四川各客家方言岛的语法面貌和特征，探求它们相互之间，以及和闽粤赣客话间的异同，用系统论观点来考察语法发展演变的特点和规律。

（3）有助于丰富发展方言接触的基本理论和方法。调查比较方言语法及变异，探究其动因和机制，以促进方言接触研究。例如四川客家方言名词重叠数量丰富，和闽粤赣客话差异大，究其原因是语法复制的结果；荣昌盘龙客家方言既有客家方言特有被动标记"拿分""分"，也有借自四川官话的被动标记"着"，固有成分和借用成分构成语法叠置。

（4）有利于从新的理论角度探讨一些重要的语法现象的发生学问题。在双方言环境中，四川客家方言揉合了官话某些特点，出现了语法间的借用、不同层次的叠置、多个同义句式的并存、语法成分的融合等。对方言特殊语法现象作深入分析和解释，将有助于为语法研究提供新的思路和方法。

2 研究思路和方法

研究思路：

首先，根据对其中一个客家话保留比较完好的方言点——荣昌盘龙镇客家方言语法作详细调查，结合文献资料，拟出详细的语法调查大纲。以"大纲"为蓝本，对成都新都区、资中铁佛镇、隆昌响石镇、邻水冷家乡、仪陇乐兴乡客家方言点进行调查。调查过程中，不断对"大纲"进行修订、补充和完善。

其次，立足于准确、可靠的语料，进行深入细致的比较分析，弄清各语法特点在各方言点的类型、分布、具体表现及细微差异。同时通过与毗邻带官话、闽粤赣客话的比较，进一步对四川客家方言语法特点的实质、源流、演变过程进行探讨。

最后，从四川客家方言语法事实出发，对某些比较重要的理论问题进行探讨，如汉语某些语法成分的演变途径及机制问题、双方言环境中语言接触及类型问题。

研究方法：

（1）实地调查和文献相结合。实地调查主要用于第一手方言语料的获得，和闽粤赣客家话特征的比较，则辅助参考已有研究成果。

（2）以描写和多向比较为基础。描写法主要应用于对四川各客家方言点语法现象准确、充分的揭示，没有语法事实的深入描写，任何理论的建立都不可能。多向比较主要应用于四川客家方言点之间，以及与毗邻带官话、闽粤赣客家话的比较，探求四川客家方言的各语法特征、类型及演变规律。

（3）以语言接触、类型学等有关理论和方法为突破点。主要应用于对四川客家方言的语法演变动因、形成机制等作出合理科学的分析和解释，以促进汉语语法研究。

第四节　语料来源和体例说明

1　语料来源

本书的语料主要来源于著者所做的田野调查，调查的客家方言点有：荣昌区盘龙镇、成都市新都区石板滩镇、资中县铁佛镇、隆昌市响石镇、邻水县冷家乡、仪陇县乐兴乡。调查后，及时整理和核对语料，没调查清楚的，及时补充。本书语料以老派为主，因为年青人已经不常用客家话，如荣昌区盘龙镇老年人把"大碗"称为"碗公"，年青人称为"大碗"，老年人使用"粥"一词，年青人则使用"稀饭"一词，而且责备老年人说要讲"稀饭"。可见，年青人更愿意接受四川官话的说法。

来源于文献的四川客家方言语料分别是：成都市青白江区合兴镇、威远县石坪乡、西昌市黄联乡语料来源于崔荣昌《四川境内的客方言》（上、下）（2011）；成都市新都区泰兴镇语料来源于兰玉英《泰兴客家方言研究》（2007）；成都市成华区龙潭街道、成都市龙泉驿区西河镇、成都市锦江区三圣街道、成都市龙泉驿区十陵街道、成都市金牛区天回镇语料来源于《成都客家话研究》（郏远春2012）；洛带语料来源于兰玉英、蓝鹰、曾为志等《汉语方言接触视角下的四川客家方言研究》（2015）。来源于闽粤赣客家话的文献语料将随文注明出处。

2　体例说明

（1）本书的标音一律采用国际音标，行文中在音标外加上"［　］"，调值用数字表示，标在音节的右上角。文中标音所显示的是实际读法，个别变调则随文注出。

（2）本书方言语料尽量采用本字标写。少数本字不明或考不出本字的，如果已有约定俗成的固定写法，就直接采用方言俗字，本字不明又没有俗字可写的，就用同音字或训读字代替，无合适的字可写的，则用"□"表示，并在其后加注国际音标。

（3）如果同一例句在多个方言点出现，则仅在第一次出现时标明普通话的意思。

（4）为了方便阅读，行文中有时用"_____"标明某语法成分在例句中的位置。

（5）句首的"＊"表示这个句子不合乎语法规则或没有这样的说法，如"＊苹果甜得来很"。两可情况用"／"标示，如"佢着欸／哩三件衫"，其中"欸"和"哩"两可。例句中加"（ ）"的成分，表示可有可无的成分。

（6）各章各小节的例句编号自为起讫。

（7）为了行文简洁和易于分辨，方言点荣昌区盘龙镇大建村简称"盘龙"；成都新都区石板滩镇黄果村简称"石板滩"；川南资中县铁佛镇柏龙村简称"铁佛"；川南隆昌市响石镇鹰嘴村简称"响石"；川东南邻水县冷家乡大坪村简称"冷家"；川北仪陇县乐兴乡三跳石村简称"乐兴"；成都市青白江区合兴镇简称"合兴"；成都市成华区龙潭街道简称"龙潭寺"；成都市新都区泰兴镇简称"泰兴"；威远县石坪乡简称"石坪"；西昌市黄联乡简称"黄联"；成都市龙泉驿区西河镇简称"西河"；成都市锦江区三圣街道简称"三圣"；成都市龙泉驿区十陵街道简称"龙泉驿"；成都市金牛区天回镇简称"天回"；隆昌市付家乡简称"付家"。

第二章 词 缀

四川官话词缀主要有："老"（老张）、"家"（学生家、往年家）、"些"（猪些、鸡些）、"儿"（豆芽儿、两斤儿）、"子"（根子、烟子）、"头"（苦头、看头）。与官话相比，词缀"家""些""儿"在四川客家方言中比较少见，词缀"头"的用法及表义和官话相同，"老""子"虽然在四川客家方言和官话中都有分布，但在构词上有差异。此外，四川官话亲属称谓不用前缀"阿"，而在四川客家方言里比较常见。

与闽粤赣客家话相比，相同的除了表示动物性别的词缀"公、婆、嫲、牯"以外，还共同分布有词缀"阿""老""子"，但闽粤赣客家话分布比较普遍的词缀"佬"在四川客家方言中却很少见，如广东中山客家话（甘甲才2003b：225）、广东惠东客家方言（周日健1994）、广东丰顺客家话（黄婷婷2009：14）、赣南石城（龙岗）客家话（曾毅平2003）等有分布有词缀"佬"。"佬"指成年男性，多用在表示从事某种较下等职业、有生理缺陷或其他有意要贬称的成年男性（甘甲才2003b：225），如"剃头佬_{理发员}、泥水佬_{泥水匠}、肥佬_{胖子}"等。总体上看，四川客家方言词缀基本上还保留着固有特征，本章主要探讨方言特征显著的词缀：表示动物性别的词缀以及"阿""老""子"。

第一节 表示动物性别的词缀

江西客家话用"公""牯""婆""嫲""牸"来区分动物的雌雄（刘纶鑫2001：289）；广东丰顺客家话用"公""牯"表示雄性，"嫲"指雌性（黄婷婷2009：14）；福建连城客家话称述动物性别的词有六个（项梦冰1997：28）："公［kuaŋ˦］""牯［køəˇ］""妈［muˮ］""□［liu˦］""女［ŋɥəˇ］""羖［ku˦］"。四川客家方言表示动物性别的词主要有"公"

"嫲""牯""婆""母""女""草""猳"等，这些词缀在各客家方言点使用有别，为了便于比较，一并列表如下：

普通话	成都话	盘龙	石板滩	铁佛	响石	冷家	乐兴	西昌	威远
公鸡	鸡公 公鸡	鸡公	鸡公	鸡公	角鸡	鸡公	鸡公	鸡公	鸡公 雄鸡公
母鸡	鸡婆 母鸡	鸡嫲	鸡嫲	鸡婆	鸡嫲	鸡嫲	鸡嫲	鸡嫲	鸡嫲 鸡婆
公鸭	鸭卿	鸭卿	鸭公	鸭卿	鸭卿	鸭卿	鸭卿	鸭公	鸭卿
母鸭	母鸭子	鸭嫲	鸭嫲	鸭婆	鸭嫲	鸭嫲	鸭嫲	鸭嫲	鸭嫲
公狗	公狗儿 猳狗	狗公 狗牯	狗公 狗牯	猳狗	猳狗	猳狗	狗公	猳狗 狗牯	猳狗
母狗	母狗儿 草狗儿	狗嫲	狗嫲	草狗	狗嫲	草狗	狗嫲	草狗 狗嫲	草狗 狗嫲
公猫	公猫儿 男猫儿	猫公	猫公	猫公	男猫	公咪儿	猫公	猫公 男猫儿	猫公
母猫	母猫儿 女猫儿	猫嫲	猫嫲	母猫	女猫	母咪儿	母猫	女猫儿	猫嫲
公猪	公猪	猪公 猪牯	猪公	猳猪	猳猪	猳猪	公猪 角猪	公猪	猳猪 角猪
母猪	母猪	猪嫲	猪嫲	草猪	猪嫲	草猪	猪嫲	母猪	母猪
公羊	羊子	羊公 羊牯	羊公	公羊	羊子	公羊子	羊公 羊牯	羊牯	羊公子
母羊		羊嫲	羊嫲	母羊		母羊子	母羊	羊嫲	羊婆子
公牛	公牛	牯牛	牯牛	牯牛	牯牛	牯牛	牯牛	牯牛 牛牯子	牯牛
母牛	母牛	骟牛	牛嫲	骟牛	骟牛	牛嫲	牛嫲	牛嫲	骟牛

从上表看，四川大多客家方言点使用"嫲"表示雌性，铁佛客家话则用"婆"表示雌性，如"鸡婆""鸭婆"，不过，冷家、乐兴、威远等客家话"鸭嫲"一词既可专指母鸭，也可用于鸭的通称。"公""牯"表示雄性，但"牯"不如"公"使用普遍。"公"既可指动物中的哺乳类动物，也可指非哺乳类动物，但"牯"只能指哺乳类动物。所调查的方言点绝大多数都用"牯牛"称呼公牛，和四川官话一致，只有威远客家话还存有"牛牯子"一词。

不少闽粤赣客话里，"牯"还可称人，如广东丰顺（黄婷婷2009：14）、惠东客家话（周日健1994）"牯"可以指男性。经调查，未发现四川客家方言能用"牯"称呼成年男性。

"嫲"是客家方言的特有词，据黄雪贞（1998）调查，在梅县客家话中，由"嫲"构成的词多达40个以上，但铁佛已无"嫲"表示雌性的用法，很多动物称呼法已和四川官话一致。冷家客家方言也只保留了"鸡嫲""鸭嫲""牛嫲"称呼法，其它已转用四川官话称呼。可见，铁佛、冷家、乐兴客家方言在表示动物性别方面，受官话影响，"公、牯、嫲"的使用范围正在缩小。

从构词方式看，四川客家方言主要采用"动物名称＋性别词"式，例如"鸡公""鸡嫲"，也有少数采用"性别词＋动物名称"式，例如"草狗""羯猪"，且"草狗""羯猪"之类是四川官话常用称呼法。从发展趋势看，四川客家话"性别词＋动物名称"有扩大趋势，如西昌、威远客家话在某些动物称谓上，"动物名称＋性别词"和"性别词＋动物名称"并存并用，如西昌客家话的"羯狗"和"狗牯""草狗"和"狗嫲"并用，铁佛和冷家客家话称谓"狗""猫""猪"等已采用同官话一致的"性别词＋动物名称"式。

"公""嫲"还可泛化为指称器物或人，指人时带有某种特征或从事某种职业。指物时，有时表示"大"的意思，这种用法保留了客家话的特色。见下表：

	盘龙	石板滩	铁佛	响石	冷家	乐兴
怀孕妇女	怀儿婆	大肚口［pʰa⁵⁵］	大肚皮	怀儿婆	大肚皮	大肚嫲 大肚子
神经错乱的人	癫子	狂嫲（女性） 狂子（男性）	疯子	疯子	癫子	癫嫲 癫子
鼻子	鼻公	鼻公	鼻子	鼻公	鼻头	鼻头
手指	手指公	手指公	手指公	指捆儿	指捆儿	指捆儿
大碗	碗公	碗公	大碗	碗公	大碗	大碗
水瓢	勺嫲	勺嫲	瓢子	勺嫲	瓢子	勺嫲
大绳子	大索子	索嫲	大绳子	大索子	大绳子	索嫲
虱子	虱嫲	虱嫲	虱嫲	虱嫲	虱嫲	虱嫲

比较盘龙等6个客家方言点，石板滩保留较好，其次是乐兴、盘龙、响

石，铁佛、冷家除了"虱嫲"一词，其它称呼法已和毗邻官话相同。

第二节 词缀"阿""老"

"阿""老"是客家话常见词缀。黄雪贞（1987）指出，客家话"阿"可用在姓名前头，如"阿强、阿莲、阿张"，还可用在亲属称谓的前头，如"阿爷、阿咪、阿哥、阿姊、阿叔"，"老"用于称谓、姓氏和其他事物前，如"老弟、老妹、老王、老虎、老鸦乌鸦"。四川客家话"阿"用于姓名前头的现象见于成都客家话，其它客家方言点已无此用法。

"阿"和"老"用于亲属称谓前，在四川各客家方言点均有此构词方式，但用法稍有差异，为了保持各方言点称谓语的系统性及便于比较，把盘龙等6个客家方言点相关称谓语列表如下：

普通话	盘龙	石板滩	铁佛	响石	冷家	乐兴
爸爸	阿爷 [a⁴⁵ia³¹] 阿爸 [a⁴⁵pa³¹]	阿爸 [a⁴⁵pa¹³⁻³¹]	爷子[ia³¹tsɿ³¹] 爸爸[pa³¹pa³¹]	爷子 [ia¹³tsɿ³¹]	阿爸 [a³³pa³³]	爹爹 [tei³³tei³³]
妈妈	娭子 [oi⁴⁵tsɿ³¹] 阿妈 [a⁴⁵ma⁴⁵] 阿咪[a⁴⁵mie⁴⁵] 阿娘[a⁴⁵ȵiɔŋ³¹]	阿咪 [a⁴⁵mi⁴⁵] 阿娘 [a⁴⁵ȵiɔŋ¹³⁻³¹] 欸子 [oi⁴⁵tsɿ³¹]	妈妈 [ma¹³ma¹³]	娭子[oi⁴⁵tsɿ³¹] 阿娘[a⁴⁵ȵiɔŋ³¹]	阿姐 [a³³tɕi⁴¹]	娭爷 [oi²¹ia²¹]
爷爷	阿公 [a⁴⁵kuŋ⁴⁵]	阿公 [a⁴⁵kuŋ⁴⁵]	阿公 [a¹³kuŋ¹³]	阿公 [a⁴⁵kuŋ⁴⁵]	阿公 [a³³kuŋ³³]	阿达 [a³³ta³³] 爷爷 [ia²¹ia²¹]
奶奶	阿婆 [a⁴⁵pʰo³¹]	阿婆 [a⁴⁵pʰo¹³⁻³¹]	阿婆 [a¹³pʰo³¹]	阿婆 [a⁴⁵pʰo³¹]	阿婆 [a³³pʰo²¹]	□□ [lan¹³lan¹³]
哥哥	哥哥[ko⁴⁵ko⁴⁵] 阿哥[a⁴⁵ko⁴⁵]	阿哥 [a⁴⁵ko⁴⁵]	哥哥 [ko¹³ko¹³]	阿哥 [a⁴⁵ko⁴⁵]	哥哥 [ko³³ko³³]	哥哥 [kəu³³kəu³³]

普通话	盘龙	石板滩	铁佛	响石	冷家	乐兴
姐姐	姐姐 [tɕia³¹ tɕia³¹] 阿姐[a⁴⁵tɕia³¹]	阿姐[a⁴⁵tɕia³¹]	姐姐 [tɕi⁵³ tɕi⁵³⁻³¹]	阿姐[a⁴⁵tɕia³¹]	姐姐 [tɕi⁴¹ tɕi⁴¹⁻²¹]	姐姐 [tɕi⁵³ tɕi⁵³]
弟弟	老弟 [lau³¹tʰai⁴⁵]	老弟 [nau³¹tʰai⁴⁵]	老弟子 [nau⁵³tʰai³¹ tsɿ³¹]	老弟 [nau³¹tʰai⁴⁵]	老弟(子) [nau⁴¹tʰai³³ tsɿ²¹]	老弟 [lau⁵³tʰei¹³]
妹妹	老妹 [lau³¹moi⁵¹]	老妹 [nau³¹moi⁵³]	妹 [moi⁴⁵]	老妹 [nau³¹moi⁵¹]	妹 [mɔi²⁵]	老妹 [lau⁵³moi¹³]
伯伯	大爷 [tʰai⁴⁵ia³¹]	阿爷 [a⁴⁵ia¹³⁻³¹]	大爸 [tʰai¹³pa³¹]	阿爷 [a⁴⁵ia¹³]	大爸 [tʰai³³pa³³]	大爹爹 [tʰai⁵³tei³³tei³³]
伯母	大娘 [tʰai⁴⁵ȵiɔŋ³¹]	大阿娘 [tʰai³¹a⁴⁵ȵiɔŋ¹³⁻³¹]	大娘 [tʰai¹³ȵiɔŋ³¹]	大阿娘 [tʰai³¹a⁴⁵ȵiɔŋ¹³⁻³¹]	大娘 [tʰai³³ȵiɔŋ²¹]	大嫂爷 [tʰai⁵³oi²¹ia²¹]

总的看来，四川客家方言在称谓语上保留客家方言特征较多，但某些方言点已有较多官话色彩，表现在前缀"阿""老"的构词范围正在缩小，如铁佛客家方言不少称谓语已同毗邻带官话，如"爸爸""妈妈""哥哥""姐姐"等称呼。"阿"用于人名前，只见于石板滩客家方言，人名最后一个字前，一律可加"阿"，例如：阿芳、阿蕙、阿玲等。亲属称谓"阿＋X"也正在逐渐被官话相应称谓所取代，铁佛客家话"老妹"已被"妹"代替。

第三节　"子"尾

四川客家方言没有像北京话那样的儿尾，只有子尾词且比较丰富，"子"后附的词根语素主要是名词性成分，也可是动词和形容词成分，也有少量的量词可后附词缀"子"。

1　名词性的子尾词

"X＋子"的X大多是单音节或双音节名词，兰玉英（2007）从意义上把成都洛带客家方言的子尾名词分为六类，本书按照此分类法探讨子尾词的分布范围。

（1）表示人的子尾词

妇娘子_{妇女}｜酒醉子_{醉鬼}｜俫子_{儿子}｜学生子_{学生}｜驼背子_{驼背}｜贼娃子_{小偷}｜左胯子_{左撇子}

（2）表示人体器官和部件的子尾词

肝子_肝｜胃子_胃｜心子_心｜腰子_肾｜沟子_{臀部}｜膀子_{胳膊}｜脚肚子_{小腿肚}｜脚背子_{脚背}

（3）表示动物的子尾词

羊子｜鱼子_鱼｜灶鸡子_{蟋蟀}｜蚂蚁子_{蚂蚁}｜蝉子_蝉｜鸭子｜老鼠子

（4）表示植物的子尾词

桃子｜李子｜葱子｜黄豆子_{黄豆}｜绿豆子_{绿豆}｜树子｜叶子｜柑子_{柑橘}｜秧子_{秧苗}

（5）表示时间的子尾词

明年子｜旧年子_{去年}｜解子_{那里}｜底子_{这里}｜唉门子_{这么/那么}｜奈坨子_{哪里}｜嘟门子_{怎样/怎么样}

（6）表示其他名称的子尾词

箍子_{戒指}｜锯末子_{锯末儿}｜烟子_烟｜眼镜子｜凌条子_{冰锥儿}｜猪旺子_{猪血}｜鞋面子｜雾罩子

四川官话子尾词也很丰富，但四川客家话的子尾词应该不是受官话影响和渗透的结果，因为闽粤赣客话均有丰富的子尾词，黄雪贞（1982）、项梦冰（1997）、刘汉银（2006：7）、张桃（2004：37－39）、黄婷婷（2009）分别对永定下洋、连城、南康、宁化以及丰顺客家话的子尾词作了详细考察，因此我们可以肯定子尾词是四川客家话的固有成分。

关于"子"的意义和用法，闽粤赣客话部分子尾词有小称义。项梦冰（1997：33）指出，连城客家方言中，"子"加在名词后起小称的作用，如

"鱼子"指"小鱼儿","水桶子"指"小水桶"。张桃（2004：37）"子"加在名词后起小称作用，例如：鸟子_{小鸟}｜猫子_{小猫}｜石子_{小石子}。广东丰顺客家话后缀"子"有小称义（黄婷婷2009：15），例如：猪子_{小猪}｜鸟子_{小鸟}｜一筒子_{—小筒}｜两斤子_{说话人觉得"两斤"数量偏少}。当然，闽粤客话有些子尾词没有或不一定带有"细、小"的意义（饶长溶1988），比如：桌子｜车子｜凳子｜厨子。

四川客家话子尾词基本没有小称义，一般只是表示一类事物的统称，"子"具有名词化的作用。兰玉英（2007）认为成都洛带客家话"崽子"中的"子"有表示小称的意义，郏远春（2012：46）指出成都客家话"人或动物名＋崽子"表示小称意义，例如：牛崽子_{牛犊子}｜俫崽子_{男孩}｜妹崽子_{女孩}｜羊崽子_{羊羔}｜鸡崽子_{小鸡}｜狗崽子_{小狗}。"崽"在普通话和方言中有表示"幼小"义，因此我们认为"崽子"表示小称主要是由"崽"来承担，"子"单独不能表示小称义。由此可见，四川客家方言子尾词没有小称义是可信的。

四川客家方言要指称事物小，一般在前面加上"细"，如铁佛、响石、冷家、乐兴、盘龙客家话。例如：细娃儿_{小孩子}｜细狗_{小狗}｜细鸡_{小鸡}｜细板凳_{小板凳}｜细鱼子_{小鱼}｜细碗_{小碗}｜细西瓜_{小西瓜}。指称动物幼小，还可在"细＋动物名"后跟"崽崽/崽子"，例如：细鸡崽崽/崽子_{小鸡}｜细猪崽崽/崽子_{小猪}。

盘龙、铁佛、冷家、乐兴客家方言没有词缀"〜节子"或"〜节节"。但石板滩客家话表示人或事物小，既可用"细"表示，也可用"〜节子""〜节节"来表达，例如：细节子_{小孩子}｜俫节节_{很小的男孩}｜妹节节_{很小的女孩}｜狗节子/狗节节_{小狗}｜猪节子/猪节节_{小猪}｜鸡节子/鸡节节_{小鸡}｜鸭节子/鸭节节_{小鸭}。黄雪贞（1986）也曾报道过成都龙潭寺客家话表示人的小称用"节子"，表示动物的小称用"［tɕie1］"或"［tɕie1 tɕie1］"。

2　形容词性的"A＋子"结构

后缀"子"有使形容词名词化的作用，如"肥子_{胖子}｜瘦子"，"肥"和"瘦"是形容词，加"子"尾后是名词，这种用法在方言中很常见。四川客家方言中，后缀"子"还有一种不同于四川官话的用法，即虽加在性质形容词之后，构成"A＋子"结构，但并没有使形容词性成分名词化，而表示主观量少，有程度较轻之义，该结构往往需要和带上程度修饰语的"咁/哝"组合使用，构成"咁/哝（门）＋A＋子"结构，"咁/哝"相当于普通话"这么、那么"，无近指远指之分。"咁/哝（门）＋A＋子"结构的"子"没有构词作用，即并没有改变所黏附成分的词汇义，"子"尾是一种构形手段，所起的作用是给黏附的成分增加轻量义，这种用法和永定（下洋）方言形容词的"□〔aŋ˦〕＋形容词＋子"结构（黄雪贞1982）有相同之处。下面选择铁佛、冷家客家方言"咁/哝（门）＋A＋子"的用法进行比较。

铁　佛：（1）a 底只井哝（门）深。这口水井很深。

b 底只井哝（门）深子。这口水井不够深。

（2）a 底根树子咁门大。这棵树很大。

b 底根树子咁门大子。这棵树不够大。

（3）a 底包棉花咁门重。这包棉花很重。

b 底包棉花咁门重子。这包棉花不够重。

冷　家：（1）a 底个水井咁（门）深。这口水井很深。

b 底个水井咁（门）深子。这口水井不够深。

（2）a 底根树子咁门大。这棵树很大。

b 底根树子咁门大子。这棵树不够大。

（3）a 底包棉花咁门重。这包棉花很重。

b 底包棉花咁门重子，你还背唔起。这包棉花不太重，你还背不起。

上述a句，说话者想要表达事物的数量足够大或程度足够深，有主观大量义，不能加"子"。b句表示说话人认为数量不够或程度不深，有主观小量义。为了表示程度不够大，冷家客家话往往有一个后续句，如例（3）的b句。

盘龙客家方言"高程度副词＋A＋子"也表示主观小量，但一般在"高程度副词＋A＋子"结构前加否定副词"冇"，例如上述b句：

（4）底只水井冇好深子。这口水井没有好深。

（5）底条树子冇好大子。这棵树没有好大。

（6）底包棉花冇好重子。这包棉花没有好重。

此外，四川客家方言中有批量的儿化词（兰玉英、蓝鹰、曾为志等2015：201），例如：摸哥儿〔mo⁴⁵ kər⁴⁵〕｜拖板儿鞋〔tʰo⁴⁵ pər⁵³ xai¹³〕｜洋马儿

［ioŋ¹³mər⁴⁵］｜阴凉坝ₙ［in⁴⁵niɔŋ¹³pər⁵³］｜广柑ₙ［kuaŋ⁵³kər⁴⁵］｜胡豆ₙ［fu¹³tʰər⁵³］。《华阳凉水井客家话记音》（董同龢1956）文本材料中，只有"老官儿"一个儿化词，近些年来儿化词的增多，"是在与官话接触的过程中受其影响而产生的，体现了四川官话对四川客家方言的深刻渗透"（兰玉英、蓝鹰、曾为志等2015：204）。

第三章　重　叠

重叠是普通话及现代汉语各方言普遍存在的一种语法现象。施其生（1997）指出："'重叠'作为一种语法手段，在汉语方言中普遍被用来构成各种重叠式。""通常认为'重叠'在汉语中是词的一种构形手段，然而汕头方言'重叠'的附加对象虽然主要是词，但是不限于词，可以是词素和短语。也不限于构形，可以是构词的手段。"这些独到而深入的见解对观察方言重叠现象很有启发，该章本着这个思路来考察四川客家方言重叠现象。

目前关于客家方言重叠的研究有：陈延河（1991）《惠东多祝客家话名量词、数词的"A打A"重叠式》、邓玉荣（1998）《贺县客家话量词的衍音重叠》，项梦冰（1997）《连城客家话语法研究》对名词、合成方位词和数量词重叠式的考察，张桃（2004）《宁化客家方言语法研究》对名词动词的重叠作了考察，黄婷婷（2009）《丰顺（三汤）客家方言助词研究》在语法概貌部分对重叠作了分析。这些研究成果，对我们考察四川客家方言的重叠特点具有一定的参考价值。

第一节　名词重叠

1　AA式

四川官话的名词重叠式很普遍，有"AA（眼眼）"和"AA儿（眼眼儿）"两种形式。四川客家方言名词AA重叠式也比较普遍，例如：

疤疤｜坑坑｜坡坡｜眼眼｜边边｜凼凼坑｜洞洞｜烟烟｜虫虫

与闽粤赣客话相比，四川客家话名词重叠式要丰富得多。项梦冰（1997：24）指出，连城客家方言的名词不能自由地进行单纯重叠，只有少数名词可以进行单纯重叠，但重叠式都不能单用，必须两两组合才成为一个自由形式，如"肠肠肚肚、疾疾病病"等。江西客家方言（刘纶鑫2001：293）和福建宁化客家方言（张桃2004：24）的名词一般也没有重叠式，没有"羊羊、索索、桥桥"之类的说法。四川客家方言名词重叠式比较普遍，可能受到了四川官话的影响和渗透，在语法复制作用下，四川客家话（复制语）仿照官话（模式语）的名词 AA 重叠这一语法模式，利用自身的语料构建出对等的重叠模式。

从名词 AA 式的重叠语素看，可分为以下两种情况：

①基式 A 和重叠式 AA 及表义方面，四川客家话和官话均相同。例如：

> 缝缝缝子｜边边｜皮皮皮｜气气气味｜渣渣渣滓｜沟沟｜凼凼小水坑｜胯胯胯

②跟四川官话不同。基式 A 是客家方言固有语素，相应的 AA 是客家方言特有的重叠式。兰玉英、蓝鹰、曾为志（2015：287－288）对这类重叠式作了调查，认为这些跟四川官话不同的重叠式名词完全是由重叠式结构规则而构成的新名词，其词形既不同于四川官话，也不用于来源方言。例如：

> 罂罂罐子｜桍桍树枝｜痏痏蚊虫等咬起的小疱｜瘰瘰身上长的小疱｜岽岽山顶｜镬镬锅

③基式 A 是官话和客家话共有语素，但表同一事物使用了不同重叠式。例如：

> 官　话：巅巅植物的末梢｜米米核儿｜面面/粉粉粉末儿
> 客家话：尾尾植物的末梢｜骨骨核儿｜末末粉末儿

AA 式名词在四川官话中往往可以儿化，构成"AA 儿"式。例如：杯杯儿｜烟烟儿｜洞洞儿｜凼凼儿｜边边儿｜疤疤儿｜车车儿｜马马儿｜葱葱儿葱。四川客家话中儿化情况不一，盘龙、石板滩、铁佛、冷家和乐兴客家话都没有"AA 儿"，当调查石板滩客家方言时，发音人说毗邻带"湖广人"才说"烟烟儿"，发音人是双语者，对客家方言和四川官话之间的界限分得很清楚。兰玉英、蓝鹰、曾为志（2015：291）调查隆昌客家话有个别词语可以儿化，西昌客家方言中有较多的词语可以儿化。可以推测，受四川官话的影响和渗透，客家话儿化词正逐渐从无向有发展，呈现出这样的发展趋势：无"AA儿"＞少量"AA儿"＞较多"AA儿"。

2 ABB、AAB 式

基式为 AB 的部分名词可重叠为 ABB 或 AAB 式，但分布不太广泛，乐兴、盘龙和冷家客家方言相对较多。例如：

ABB 式：酒窝窝｜疤疤疤｜树叶叶｜独苗苗_{独生子女或家庭只有一个儿}子｜水泡泡｜花苞苞｜饭勺勺｜茶缸缸｜水凼凼｜猪婆婆

AAB 式：板板车｜凼凼田｜毛毛水｜沙沙土｜坨坨炭｜偏偏屋｜包包白_{卷心菜}

这些含 AA 式的名词一般具有较强的凝固性，均能凸显所指称事物某一方面的特征，具有强烈的形象色彩和描状功能。

3 AABB 式

这种重叠式和普通话名词重叠 AABB 式的语义类型和句法功能大致相同。重叠式 AABB，基式为 AB，有的基式 AB 成词。

如盘龙客家方言常见的有：

花花朵朵｜前前后后｜根根底底_{底细}｜边边角角｜枝枝□□［k^hua^{31} k^hua^{31}］_{枝桠}

有的基式 AB 不成词，但 A 和 B 在词义上相关或相近，例如盘龙客家方言：

包包坑坑｜汤汤水水｜坡坡坎坎｜洞洞眼眼｜线线索索｜凹凹凼凼

与四川官话相比，四川客家方言 AABB 式在数量上远不如官话多，但不少重叠式在表义和构词语素上和官话一致，如"边边角角｜洞洞眼眼｜线线索索"等。有些表义相同的重叠式，其构词成分及语音形式和官话不完全相同，例如官话"枝枝桠桠"，在盘龙和石板滩客家方言里均是"枝枝□□［k^hua^{31} k^hua^{31}］"。

4　AA 老老式

"AA 老老"的基式 A 可独立成词，"老老"词义已经虚化，不能独立成词，和官话一致。"AA 老老"在盘龙、石板滩和铁佛客家方言里相对较多，而在冷家、乐兴客家方言里则少见。以石板滩客家话为例：

> 菜菜老老 | 油油老老 | 边边老老 | 锅锅老老 | 草草老老 | 渣渣老老 | 沟沟老老 | 桌桌老老 | 纸纸老老 | 线线老老。

从表义看，当"AA 老老"指称事物时，基式 A 专指某物，而"AA 老老"一般指 A 和 A 相关的事物，如"锅锅老老"指锅碗瓢盆之类的用具，"渣渣老老"指垃圾之类的东西，"AA 老老"使名词 A 具有了泛化义。

第二节　动词重叠

普通话动词重叠 VV 式较普遍，表示动量小或时量短，还带有尝试的意味。四川客家方言和四川官话一样，没有动词重叠 VV 式，而是用"V（一）下"来表达。四川以外的客家话也很难见到 VV 式，如福建宁化客家方言的动词一般不能重叠（张桃 2004：103）；广东丰顺客家方言若要表示短时轻量要说成"V 下［ha²¹］"、"V 啊子［a²¹tsɿ⁵²］"（黄婷婷 2009：16），动词一般也不能重叠；福建长汀客家话（饶长溶 1996a）表示动作量少时短也是在动词后加"（一）下（子）"。

值得注意的是，四川官话表时量的"（一）下"一定要儿化，表动量的"（一）下"不能儿化，即"（一）下儿"表示时量，"（一）下"表示动量。但四川客家方言如盘龙、石板滩"（一）下"均不能儿化，可以在"（一）下"后加词缀"子"，冷家、乐兴客家话则可以儿化，和官话一致了。下面以石板滩和乐兴客家话为例：

> 石板滩：（1）摸（一）下佢个额门。摸摸他的额头。
>
> （2）偃去（一）下就来。我去去就来。
>
> （3）去外背转（一）下爱得唔？到外面去走走行吗？
>
> （4）你去睡（一）下子/下下子。你去睡一睡吧。

(5) 你们<u>商量（一）下</u>。你们考虑考虑吧。

(6) 你爱<u>关心（一）下</u>细节子个学习。你要关心关心孩子的学习。

乐　兴：(1) <u>摸摸</u>佢个额头。

(2) <u>偓去（一）下/去（一）下儿</u>就来。

(3) 到外背去<u>转（一）下儿</u>爱得么？

(4) 你去<u>睡（一）下儿</u>嘛。

(5) 你等<u>商量（一）下子</u>嘛！

(6) 你该<u>关心（一）下子</u>大细子个学习。

四川客家方言和官话一样，涉及到动词重叠的多是动词附带其它成分的重叠（有的称"加缀重叠式"），下面一一加以考察。

1　"V 啊 V 啊" / "V 啊 V" 式

这种重叠式在四川客家方言中多有分布，通常作谓语和状语，作谓语时不能跟宾语或补语。与基式相比，"V 啊 V 啊"或"V 啊 V"是由动作反复而形成的一种状态，以描写某种情状，语义上接近状态形容词，和"紧 + V"表达的语义相同。以盘龙和冷家客家方言为例：

盘　龙：(7) 佢就在解样<u>讲啊讲啊/讲啊讲个</u>。他就在那儿说个不停。

(8) 电压唔稳，灯泡<u>闪啊闪啊/闪啊闪个</u>。电压不稳，灯泡一闪一闪的。

(9) 声音唔好听，还在解样<u>唱啊唱啊/唱啊唱个</u>。声音不好听，还在那儿唱个不停。

冷　家：(10) 解哩细人子<u>跳啊跳啊/跳啊跳哩</u>走，你把佢看倒起哟。那孩子蹦蹦跳跳地走，你把他看着啊。

(11) 佢长期<u>笑啊笑啊/笑啊笑哩</u>话。他经常笑着笑着说。

例句（7）-（9）"V 啊 V 啊""V 啊 V"作谓语，例句（10）、（11）的"V 啊 V 啊""V 啊 V"在句中作状语。不管作谓语还是状语，都必须带结构助词"个"或"哩"。

2　"V — V" 式

四川客家方言的"V — V"重叠式和普通话的"V — V"表义不同，客家方言的"V—V"表示动作正在进行时，突然出现了另一种情况，相当于普通话的"V着V着就……"。"V—V"重叠式在四川客家方言点都有分布，以石板滩和乐兴客家方言为例：

石板滩：（12）<u>食一食</u>个就唔想食了。吃着吃着就不想吃了。

（13）<u>看一看</u>个就睡着了。看着看着就睡着了。

乐　兴：（14）<u>跑一跑</u>个肚子就痛起来嘞。跑着跑着肚子就痛起来了。

（15）<u>走一走</u>个水就落来嘞。走着走着雨就落下来了。

3　"V倒V倒"式

"V倒V倒"不能带宾语。基式"V倒"表示进行某一动作的方式，重叠式"V倒V倒"增加了状态义，作状语时必须加助词"个"或"哩"。盘龙、石板滩等都有此重叠式，以盘龙和冷家客家方言为例：

盘　龙：（16）钱爱□［tɕʰiaŋ⁵¹］倒□［tɕʰiaŋ⁵¹］倒个用。钱要节省地用。

（17）底个东西容易烂，<u>爱试倒试倒</u>个扳。这个东西容易烂，要慢慢地试着扳。

冷　家：（16）钱爱<u>省倒省倒</u>哩用。

（17）底个东西容易烂，<u>爱试倒试倒</u>哩扳。

4　"V起V起"式

"V起V起"描摹某一动作行为进行的状态或方式，但这种重叠式在四川各客家方言点分布和使用上有别。具体说来，有两种类型：

第一类："V倒V倒"和"V起V起"并存，"倒"和"起"可互换，已经和当地四川官话相同。例如铁佛、冷家客家话：

铁　佛：（18）唔爱<u>歪倒歪倒/歪起歪起</u>个坐。不要斜着坐。

（19）有脉个好看个，还<u>企倒企倒/企起企起</u>个看。有什么好看的，还踮着看。

冷　家：（20）佢等<u>抢倒抢倒/抢起抢起</u>哩买。他们抢着买。

（21）今日在街上<u>喊倒喊倒/喊起喊起</u>哩卖都没得人买。今天在街上叫着卖都没有人来买。

虽然铁佛和冷家客家方言都有"V倒V倒""V起V起"式，但两个方言点在使用上有别，铁佛客家方言多用"V倒V倒"式，冷家客家方言多用"V起V起"式，这和方言点助词"倒"和"起"的使用频率有关。

第二类：方言点没有助词"起"，因此没有"V起V起"重叠式，如盘龙和石板滩客家方言。这两个点的发音人都很肯定地告诉调查人，用"起"是"湖广话"的说法，也就是说，这些客家话的毗邻官话有助词"起"，但他们从心里拒绝使用"起"，以示把客家话和四川官话分开。上述"V起V起"的例句，盘龙和石板滩都用"V倒V倒"重叠式。

以上四川客家方言动词的加缀重叠式"V啊V啊"／"V啊V"、"V一V""V倒V倒""V起V起"在四川官话里均有分布，其用法和表义也基本相同。广东丰顺客家话（黄婷婷2009：16）部分动词短语也可以重叠，如：转潮转潮样｜全部生毛生毛去，四川客家方言没有这种用法。

第三节　形容词重叠

四川官话形容词的重叠式主要有"ABB、BAA、AABB、ABAB、A里AB、Axx、AxAx"，四川客家方言形容词重叠形式和官话大致相同，不同的是四川官话没有"AA"式，而客家话"AA"式却比较丰富。

闽粤客话里形容词的重叠式也比较普遍，丰顺客家话形容词重叠式有AA（香香｜白白）、AABB（灵灵精精｜清清楚楚）、ABAB（灵精灵精｜矮细矮细）、ABB（乌肚肚黑乎乎｜肥□[tut⁵⁻⁵²]□[tut⁵²]肥嘟嘟）（黄婷婷2009：17）。惠州客家话有"AA（平平｜阔阔）、AABB（能能利利｜□[liɛt⁴⁵⁻⁵]□[liɛt⁴⁵]结结）、AAB（聪聪明｜矮矮小）、Axx（冷铁铁｜甜蜜蜜）"（刘若云2003）。宁化客家话有"ABB（软绵绵｜冷冰冰）、BBA（豪豪光｜翻翻滚）"（张桃2004：147－148）。与闽粤客话相比，四川客家方言没有惠州的"AAB"式和宁化的"BBA"式。

下面逐一探讨四川客家方言形容词的重叠式。

1　AA式

普通话单音节性质形容词重叠为AA式的很常见，四川客家方言的AA式也很普遍。例如：

红红｜白白｜高高｜香香｜酸酸｜甜甜｜淡淡｜乌乌｜重重｜薄薄

重叠式 AA 比基式 A 表示的程度略高，AA 式入句时可黏附状态词标记"子"，如"<u>红红子</u>个西瓜""<u>香香子</u>个瓜子"。

2　ABB 式

这种重叠式的基式为 AB，从量的观念看，ABB 比基式 AB 表示的程度略高一些。此外，ABB 还具有一定的形象色彩和发话者的主观情感色彩。如：

盘　龙：麻沙沙｜轻巧巧｜松垮垮｜平展展｜大垮垮｜死板板
　　　　｜冷清清｜软酥酥｜齐展展

石板滩：麻格格｜轻飘飘｜松垮垮｜平展展｜冷清清｜死板板
　　　　｜热和和｜精蹦蹦｜齐展展｜油浸浸

铁　佛：麻扎扎｜轻飘飘｜松垮垮｜光净净｜冷清清｜死板板
　　　　｜热噜噜｜精蹦蹦｜饿耸耸｜软和和｜齐展展｜油浸浸

冷　家：麻扎扎｜轻飘飘｜松垮垮｜平展展｜大垮垮｜光净净
　　　　｜冷清清｜死板板｜热和和｜精蹦蹦｜软和和｜齐展展
　　　　｜饿□□［sai³³sai³³］｜油□□［mo⁴¹mo⁴¹］

乐兴客家话 ABB 式比较少见，多用"副 + 形"结构表达形容词的高量义。

3　BAA 式

与 ABB 式不同，BAA 的基式是双音节偏正式形容词 AB，例如石板滩客家方言形容词"抿甜"，可重叠为"甜抿抿"。这类重叠式在盘龙和乐兴客家方言中很少见，石板滩和铁佛、冷家相对多见，和官话一致。例如：

石板滩：冷冰冰｜硬梆梆｜甜抿抿｜新崭崭｜香喷喷｜白卡卡
　　　　｜稀捞捞｜松泡泡

铁　佛：冷冰冰｜硬梆梆｜新崭崭｜白卡卡｜稀汤汤｜松捞捞

冷　家：冷冰冰｜硬梆梆｜甜抿抿｜新崭崭｜白卡卡｜香

□□［pʰuŋ³³］［pʰuŋ³³］

BAA 重叠式可作定语、补语等。例如石板滩：<u>冷冰冰</u>个水（作定语）、饭煮个<u>稀捞捞</u>个（作补语）。

4 AABB 式

四川客家方言双音节形容词 AB 也可重叠为 AABB 式，表义和 AB 相同。AABB 式在盘龙、石板滩等 5 个客家方言点都有分布，且数量较丰富。例如：

> 盘　龙：懵懵懂懂｜伸伸展展｜闹闹热热｜欢欢喜喜｜宽宽敞敞
> 　　　　｜秀秀气气｜高高大大｜麻麻扎扎｜白白净净｜软软酥酥
> 　　　　｜轻轻巧巧｜斯斯文文｜平平展展｜癫癫东东｜清清白白
> 　　　　｜老老实实

> 石板滩：邋邋遢遢｜懵懵懂懂｜伸伸展展｜闹闹热热｜伸伸抖抖
> 　　　　｜喜喜欢欢｜毛毛糙糙｜高高大大｜白白净净｜斯斯文文
> 　　　　｜平平展展｜癫癫东东｜松松垮垮｜老老实实

> 铁　佛：皮皮遢遢｜平平展展｜伸伸抖抖｜高高兴兴｜秀秀气气
> 　　　　｜毛毛糙糙｜高高大大｜麻麻扎扎｜白白净净｜轻轻飘飘
> 　　　　｜斯斯文文｜癫癫东东｜清清白白｜松松垮垮｜老老实实

> 冷　家：伸伸展展｜闹闹热热｜伸伸抖抖｜欢欢喜喜｜宽宽敞敞
> 　　　　｜毛毛糙糙｜高高大大｜麻麻扎扎｜白白净净｜精精神神
> 　　　　｜软软和和｜轻轻飘飘｜斯斯文文｜平平展展｜清清白白
> 　　　　｜松松垮垮

> 乐　兴：龌龌龊龊｜邋邋遢遢｜伸伸展展｜伸伸抖抖｜欢欢喜喜
> 　　　　｜宽宽敞敞｜秀秀气气｜毛毛糙糙｜高高大大｜麻麻扎扎
> 　　　　｜白白净净｜软软莽莽｜轻轻巧巧｜斯斯文文｜平平展展
> 　　　　｜癫癫东东｜清清白白｜松松垮垮｜老老实实｜零零碎碎

5 ABAB 式

ABAB 式与相应的 ABB 或 BAA 相比，表示的程度弱些，例如"白卡白卡"比"白卡卡"的程度略轻。下面就不同方言点各列举一些 ABAB 式：

> 盘　龙：白卡白卡｜松垮松垮｜麻扎麻扎

石板滩：松垮松垮｜白卡白卡｜抿甜抿甜｜稀捞稀捞

铁　佛：松垮松垮｜□[naŋ⁵⁵]筋□[naŋ⁵⁵]筋｜
　　　　白卡白卡

冷　家：稀垮稀垮｜松垮松垮｜白卡白卡

乐　兴：松垮松垮｜冷清冷清｜麻扎麻扎

6　Axx 式

四川官话 Axx 生动式很丰富。王春玲（2011：41）指出，普通话里 AA 式表示的语义在四川官话里多用 Axx 来表示，这是 Axx 式在官话形容词的重叠式中占据主流地位的原因之一。Axx 生动式在四川客家方言里也很普遍，官话很多 Axx 都可以在四川客家方言里找到相对应的形式。与 ABB、BAA 式不同的是，Axx 的词根语素 A 和 x 不能组合成词，ABB 的基式 AB 是性质形容词，而 BAA 的基式 AB 是状态形容词或短语。下面就各客家方言点列举部分 Axx 式：

盘　龙：冷兮兮｜苦茵茵｜辣乎乎｜泡兮兮｜稀□□[kʰua⁵¹kʰua⁵¹]
　　　　｜雾沉沉｜乌溜溜｜油唧唧｜嫩东东｜红东东｜燥兮兮
　　　　｜叫兮兮｜水汪汪｜瘦霍霍｜亮豪豪｜粗□□[ka⁵¹ka⁵¹]
　　　　｜烂朽朽｜莽出出

石板滩：冷飕飕｜雨兮兮｜稀瓦瓦｜灰普普｜辣霍霍｜温咄咄
　　　　｜泡梭梭｜涎瓦瓦｜油唧唧｜乌纠纠｜萎梭梭｜老梆梆
　　　　｜叫兮兮｜瓜兮兮｜□[huai¹³]酥酥｜硬□□[tsʰaŋ⁵³tsʰaŋ⁵³]
　　　　｜红□□[çin⁵³çin⁵³]｜白□□[su³¹su³¹]｜蓝□□[tɕin⁵³]
　　　　[tɕin⁵³]｜薄□□[pʰia⁵³pʰia⁵³]｜满□□[tɕiəu⁴⁵][tɕiəu⁴⁵]

铁　佛：冷飕飕｜雨兮兮｜汗夹夹｜稀垮垮｜咬酥酥｜灰普普
　　　　｜泡梭梭｜苦□□[tiaŋ¹³tiaŋ¹³]｜青黝黝｜粗梆梆｜涎垮垮
　　　　｜油唧唧｜红扯扯｜温嘟嘟[tu⁴⁵tu⁴⁵]｜雾沉沉｜萎梭梭
　　　　｜满当当[taŋ⁵³taŋ⁵³⁻³¹]｜齐杵杵｜肉唧唧｜毛茸茸
　　　　｜老梆梆｜烧霍霍｜亮铮铮｜水垮垮｜酸唧唧｜熔奔奔
　　　　｜滑唧唧｜悬吊吊｜湿瓦瓦｜绵扯扯｜粘瓦瓦

冷　家：汗巴巴｜稀瓦瓦｜痒酥酥｜灰普普｜辣平平｜苦茵茵

｜泡垮垮｜青黝黝｜粗格格｜油唧唧｜红扯扯｜疯扯扯

｜哭兮兮｜莽杵杵｜雾沉沉｜萎梭梭｜散糠糠｜花绿绿

｜滑唧唧｜肉唧唧｜齐杵杵｜毛耸耸｜老梆梆｜清亮亮

｜水汪汪｜面东东｜水垮垮｜酸唧唧｜粘瓦瓦｜悬吊吊

｜蔫□□［$p^hia^{41}p^hia^{41}$］｜湿瓦瓦｜红东东｜绵扯扯

乐　兴：雨飕飕｜汗蒸蒸｜稀瓦瓦｜咬酥酥｜灰普普｜辣平平

｜苦茵茵｜泡梭梭｜青乌乌｜粗□□［$ka^{53}ka^{53}$］｜涎瓦瓦

｜油唧唧｜红扯扯｜疯扯扯｜叫兮兮｜温咄咄｜雾沉沉

｜萎梭梭｜散糠糠｜滑唧唧｜肉唧唧｜齐杵杵｜软塌塌

｜烧平平｜嫩闪闪｜水汪汪｜亮铮铮｜烂兮兮｜面糯糯

｜水垮垮｜酸唧唧｜大态态｜毛霍霍｜长平平｜悬吊吊

Axx 的感情色彩和 A 及 xx 相关，如果 A 本身带有褒义或贬义的感情色彩，那么 Axx 的感情色彩和 A 一致，如果 A 为中性，那么 Axx 的感情色彩由 xx 决定。如盘龙客家方言的"红东东"是一种喜欢的红色，而石板滩的"红□□［$çin^{53}çin^{53}$］"和铁佛、冷家的"红扯扯"是不喜欢的红色。

7　AxAx 式

AxAx 是 Axx 的变式，数量上远少于 Axx 式，从量的角度看，AxAx 式比 Axx 式表示的程度义略轻。盘龙、石板滩和铁佛客家方言较少使用这种重叠式，冷家和乐兴客家话相对较多。以冷家客家话为例：

绵扯扯－绵扯绵扯｜滑唧唧－滑唧滑唧｜痒酥酥－痒酥痒酥

｜苦茵茵－苦茵苦茵｜烧平平－烧平烧平｜汗巴巴－汗巴汗巴

｜瘦卡卡－瘦卡瘦卡｜水垮垮－水垮水垮｜面东东－面东面东

第四节　量词重叠

四川客家方言量词重叠式有"AA""数AA""（一）A 打/啊 A""（一）A 把 A""（一）A 把两 A""（一）A 是（一）A"，这些重叠方式及表义跟四川官话基本一致。量词重叠式在量级上具有明显的主观评价义，带有主观评价意义的量是"主观量",与"客观量"相对立,主观量可分为主观大量和主观小量。与其他词类重叠不同,本节从量的表达角度分类讨论量词重叠式。

1 主观大量的重叠式

1.1 （一）A 打/啊 A

普通话有"一 A"结构表示主观大量,"一"具有"满"的意义。四川客家方言除具有"一 A"表示主观大量外,还有用助词"打"构成重叠式"（一）A 打 A",石板滩客家话用助词"啊"来表达。"（一）A 打 A"式中的量词限于单音节名量词和位数词,"一"可以表示实数,也有表示"满"的意义。例如:

成都话：(1) 白酒他都能喝(一) 瓶打瓶。
(2) (一) 斤打斤桃子他一下就吃完了。
(3) 送了(一) 万打万块钱。

盘　龙：(1) 白酒佢都能食(一) 瓶打瓶。
(2) (一) 斤打斤桃子佢一下子就食完唠。
(3) 送欸(一) 万打万块钱。

石板滩：(1) (一) 斤啊斤桃子佢一下子就食完了。
(2) 白酒佢都能喝(一) 瓶啊瓶。
(3) 送欸(一) 万啊万元钱。

铁　佛：(1) 白酒佢都能喝(一) 瓶打瓶。
(2) (一) 斤打斤桃子佢一下就食完哩。
(3) 送哩(一) 万打万块钱。

冷　家：(1) 白酒佢都能食(一) 瓶打瓶。
(2) (一) 斤打斤桃子佢一下就食了哩。
(3) 送哩(一) 万打万块钱。

乐　兴：(1) 白酒佢都能嗳(一) 瓶打瓶。
(2) (一) 斤打斤桃佢一下就食了嘞。
(3) 送撒(一) 万打万块钱。

当"（一）A 打 A"中的量词是复音节时,"一"后的"量"仍是单音节形式。例如：

    盘   龙：(4) 有<u>(一) 公打公</u>里路，爱走二十多分钟。

             (5) <u>(一) 桌打桌</u>子菜，咁门多。

    石板滩：(4) <u>(一) 桌啊桌</u>子菜，咁门多。

             (5) 有<u>(一) 公啊公</u>里路，爱走两十多分钟。

    铁   佛：(4) 有<u>(一) 公打公</u>里路，爱走两十多分钟。

             (5) <u>(一) 桌打桌</u>子菜，唵多。

    冷   家：(4) 有<u>(一) 公打公</u>里路，爱走二十多分钟。

             (5) <u>(一) 桌打桌</u>子菜，咁（门）多。

    乐   兴：(4) 有<u>一公打公</u>里路，爱走二十多分钟。

             (5) <u>(一) 桌打桌</u>子菜，咁门多。

"一A"是纯客观的表达，如"白酒他能喝一瓶"，按常理，如果能喝一瓶白酒，说明这个人的酒量大，但这种表述没有明显的主观评价义。"一瓶打/啊瓶酒"则带有说话人强烈的主观评价义，格式中的"一"可自由隐现，但"一"在语用上有强调突出主观量大的意义。

1.2 "A打A""AA"

"A打A"和"AA"强调每一、遍指，表示主观量大，量词前面不能加数词"一"。"A打A""AA"进入句中后，要有副词"都"与之呼应，以强调主观大量。成都官话也有"A打A"格式，如"回打回""顿打顿""捆打捆"等表示主观大量，四川客家方言与此大致相同。例如：

    盘   龙：(6) 佢<u>回打回</u>都走催家来借东西。他每次都到我家来借东西。

             (7) <u>餐打餐</u>都想食肉。每顿都想吃肉。

             (8) <u>捆打捆</u>麦秆都咁门重。每捆麦秆都很重。

    石板滩：(6) 佢<u>回回</u>都走催家来借东西。

             (7) <u>餐餐</u>都想食肉。

             (8) <u>捆捆</u>麦草都咁（门）重。

    铁   佛：(6) 佢<u>回打回/回回/回一回</u>都走催家来借东西。

             (7) <u>餐打餐/餐餐/餐一餐</u>都想食肉。

             (8) <u>捆打捆/捆捆/捆一捆</u>麦子都咁门重。

冷　家：(6) 佢回打回都走佢家来借东西。

　　　　(7) 餐打餐都想食肉。

　　　　(8) 捆打捆麦子都咁门重。

乐　兴：(6) 佢次打次都走佢家来借东西。

　　　　(7) 餐打餐都想食肉。

　　　　(8) 捆打捆麦子都咁门重。

石板滩客家话没有"A打A"式，用"AA"式，而盘龙、冷家和乐兴客家话只有"A打A"式，无"AA"式，铁佛客家话既有"A打A"式，也有"AA"和"A一A"式，三种格式可以自由替换。

2　主观小量的重叠式

主观小量的量词重叠式主要有"（一）A把A""数AA儿"。"（一）A把A"是由"把"构成的约量结构。"把"本身无实在的意义，必须跟数词或量词组合在一起才能表示约量，

2.1　（一）A把A

成都话"（一）A把A"中的量词可以是物量词，如"（一）件把件""（一）角把角"，"一"能自由隐现。普通话的"X把"表示约量，如"百把块钱"，四川客家方言和成都话相同，"（一）A把A"表示主观量小之义。例如：

盘　龙：(9) （一）件把件衫，一下就洗欸唠。

　　　　(10) （一）角把角（钱）就算唠嘛。

石板滩：(9) （一）件把件衫，一下子就搓欸了。

　　　　(10) （一）角把角（钱）就算了嘛。

铁　佛：(9) （一）件把件衫，一下就洗欸哩。

　　　　(10) （一）角把角（钱）就算哩嘛。

冷　家：(9) （一）件把件衫衣，一下子就洗了哩。

　　　　(10) （一）角把角（钱）就算哩嘛。

乐　兴：(9) （一）件把件衫，一下就洗撒嘞。

　　　　(10) （一）角把角（钱）就算嘞嘛。

四川客家方言里有"（一）A把（子）"格式，这种格式和"（一）A把A"表义有别，"（一）A把（子）"格式表示约量，没有主观量小之义，和普通话"X把"表义相同。该格式里的"一"和"子"可自由隐现。例如：

盘　龙：(11) 底个娃子食得倒（一）碗把（子）粥。

　　　　(12)（一）斤把（子）个肉食得完。

石板滩：(11) 样只俫子食得倒（一）碗把（子）稀饭。

　　　　(12)（一）斤把（子）个肉食得完。

铁　佛：(11) 底只俫子食得倒（一）碗把（子）稀饭。

　　　　(12)（一）斤把（子）个肉食得完。

冷　家：(11) 底个细人子食得倒（一）碗把（子）稀饭。

　　　　(12)（一）斤把（子）哩肉食得了。

乐　兴：(11) 底个大细子食得倒（一）碗把（子）稀饭。

　　　　(12)（一）斤把（子）个肉食得了。

2.2　（一）A把两A

"（一）A把两A"格式里的量词可以是物量词和动量词，也可以是位数词"百""万"等。"一……两……"格式容易使所指事物带有量少之义，助词"把"更能增加量少的主观评价色彩。

物量词，如：

盘　龙：(13) 天气暖，着（一）件把两件衫就够唠。

石板滩：(13) 天气热，着（一）件把两件衫就够了。

铁　佛：(13) 天气热，着（一）件把两件衫就够哩。

冷　家：(13) 天气热，着（一）件把两件衫衣就够哩。

乐　兴：(13) 天气暖和，着（一）件把两件衫就够嘞。

动量词，如：

盘　龙：(13) 佢细个时候你看过一回把两回。

石板滩：(13) 佢细个时候你看过一回把两回。

铁　佛：(13) 佢细个时候你看过一回把两回。

冷　家：(13) 佢细哩时候你看过一回把两回。

乐　兴：（13）佢细个时候你看过<u>一次把两</u>次。

数词，如：

盘　龙：（14）你今年子挣倒<u>万把两万</u>块钱。

石板滩：（14）你今年子挣倒<u>万把两万</u>块钱。

铁　佛：（14）你今年子挣倒<u>万把两万</u>块钱。

冷　家：（14）你今年子挣倒<u>万把两万</u>块钱。

乐　兴：（14）你今年子挣撇<u>万把两万</u>块钱。

"（一）A 把两 A"的"一"可以省略。
例如：

盘　龙：（15）佢做生日坐<u>桌把两桌</u>客。

石板滩：（15）佢做生日坐<u>桌把两桌</u>客。

铁　佛：（15）佢做生日坐<u>桌把两桌</u>客。

冷　家：（15）佢做生日坐<u>桌把两桌</u>客。

乐　兴：（15）佢做生日来撇<u>桌把两桌</u>客。

2.3　数 AA

"数 AA"是数量短语的重叠式，数词一般限于十以下，量词限于单音节名量词或借用名量词。这种重叠式分布于铁佛、乐兴客家话。例如：

铁　佛：（16）a. 买哩<u>三把</u>莴笋

b. 买哩<u>三把把儿</u>莴笋。

（17）a. 佢唔听话，催敲哩佢<u>几棒</u>。

b. 佢唔听话，催敲哩佢<u>几棒棒</u>。

乐　兴：（16）a. 买撇<u>三把</u>莴笋

b. 买撇<u>三把把儿</u>莴笋。

（17）a. 佢唔听话，催打撇佢<u>几棒</u>。

b. 佢唔听话，催打撇佢<u>几棒棒</u>。

例句（16）（17）a 句中的"数 A"表示客观的实际数量，b 句"数 AA"表示主观量少。

3 主观满意量的重叠式

主观满意量的重叠式是"（一）A 是（一）A"式。"（一）A 是（一）A"的"是"是已经虚化的中缀，在不同方言点，"是"的语音形式不同。"（一）A 是（一）A"表达说话人的一种主观满意量，A 主要是名量词，该重叠式常作谓语，且需黏附助词"个"或"哩"。例如：

盘　龙：（18）底个豆子将好，（<u>一</u>）颗是［se⁴⁵］/□［liau⁵¹］（<u>一</u>）颗个。这个豆子很好，一颗一颗的。

（19）底个番薯（<u>一</u>）条是/□［liau⁵¹］（<u>一</u>）条个。这种红薯一个一个的。

（20）解条树子个桑叶将好，（<u>一</u>）皮是/□［liau⁵¹］（<u>一</u>）皮个。那棵树的桑叶很好，一片一片的。

上述例句中的"是"和词缀"□［liau⁵¹］"可自由替换而语义不变。

石板滩：（18）底个豆子正好，（<u>一</u>）只是［sɛ⁴⁵］（<u>一</u>）只个。

（19）底个番薯（<u>一</u>）条是（<u>一</u>）条个。

（20）解条树子个桑叶正好，（<u>一</u>）皮是（<u>一</u>）皮个。

石板滩客家方言上述例句中的"（一）A 是（一）A"，也可以用"A 一A"来替换。

铁　佛：（18）底个豆子正好，<u>只一只/只是</u>［sɿ³¹］只个。

（19）底个番薯条一条/条是条个。

（20）解条树子个桑叶正好，<u>皮一皮/皮是皮</u>个。

冷　家：（18）底个豆子好好，<u>颗是</u>［sɿ⁴¹］颗哩。

（19）底个黍子<u>个是个</u>哩。

（20）解条树子哩桑叶好好，<u>皮是皮</u>哩。

乐　兴：（18）底个豆子刮好，<u>一颗係</u>［hɛ¹³］一颗个。

（19）底个红薯<u>一条係一条</u>个。

（20）解条树子个桑叶刮好，<u>一皮係一皮</u>个。

由于数词重叠式和量范畴也有一定关系，这里简要讨论下四川客家方言数词的重叠式。数词重叠式很少，只有"A 打 A 量"式，"A 打 A 量"式中的数词，除数词"一"以外，其它均能进入。单音节数词和双音节数词重叠的形式有别，单音节重叠式是"A 打 A"，双音节是"A 打 AB"，如"八打八十斤""七打七十二个"。例如：

> 成都话：（21）他喝了<u>三打三杯</u>（酒）。
>
> 　　　　（22）我跑了<u>两打两趟</u>（路）。
>
> 盘　龙：（21）佢食欵<u>三打三杯</u>酒，咁门多。
>
> 　　　　（22）偓燊欵<u>两打两趟</u>路了。
>
> 　　　　（23）狗嬷下崽崽下欵<u>十打十条</u>。
>
> 石板滩：（21）佢喝欵<u>三打三杯</u>酒。咁门多。
>
> 　　　　（22）偓燊欵<u>两打两趟</u>路了。
>
> 　　　　（23）狗嬷下狗节子下欵<u>十打十条</u>。
>
> 铁　佛：（21）佢食哩<u>三打三杯</u>酒，咹多。
>
> 　　　　（22）偓燊哩<u>两打两趟</u>路哩。
>
> 　　　　（23）狗下崽崽下哩<u>十打十条</u>。
>
> 冷　家：（21）佢食哩<u>三打三杯</u>酒，咁多。
>
> 　　　　（22）偓跳哩<u>两打两趟</u>路哩。
>
> 　　　　（23）母狗下倈子下哩<u>十打十个</u>。
>
> 乐　兴：（21）佢食撒<u>三打三杯</u>酒，咁门多。
>
> 　　　　（22）偓跑撒<u>两打两趟</u>路来。
>
> 　　　　（23）狗嬷育儿育撒<u>十打十条</u>。

以上描写和比较了四川客家方言名词、动词、形容词和量词的重叠式，这些重叠式无论是重叠方式还是表示的语义，都与四川官话比较一致。特别是名词重叠，显然受到了四川官话的影响和渗透。

第四章　代　词①

四川客家方言的代词可分为人称代词、指示代词和疑问代词三类。四川客家移民来自广东、福建、江西，明末清初入蜀，距今已有 300 多年。四川客家人长期处于客家方言和官话的双方言环境中，但代词系统仍保留了客家方言的固有面貌。

第一节　人称代词

1　人称代词单数形式：𠊎、你、佢

	盘龙	石板滩	铁佛	响石	冷家	乐兴	泰兴
第一人称	𠊎 [ŋai²¹⁴]	𠊎 [ŋai¹³]	𠊎 [ŋai³¹]	𠊎 [ŋai¹³]	𠊎 [ŋai²¹]	𠊎 [ŋai²¹]	𠊎 [ŋai¹³]
第二人称	你 [ȵi²¹⁴]	你 [i¹³]	你 [ȵi³¹]	你 [ȵi¹³]	你 [ȵi²¹]	你 [ŋ²¹]	你 [ȵi¹³]
第三人称	佢 [tɕi²¹⁴]	佢 [tɕi¹³]	佢 [tɕi³¹]	佢 [tɕi¹³]	佢 [tɕi²¹]	佢 [tɕi²¹]	佢 [tɕi¹³]

四川客家方言人称代词不管单数复数，作主语、宾语都没有格的变化。从语音形式看，四川各客家方言点三个人称代词均读阳平调，第一人称"𠊎"和第三人称"佢"基本一致。第二人称代词语音形式有 [i]、[ȵi]、[ŋ] 三种，这三种语音可能由同一形式演变而来的。表示领属意义时，一般由人称代词作加结构助词"个 [kɛ]"或"哩 [li]"组成。

兰玉英（2007：253 – 254）考察成都泰兴客家话指出，作主语和宾语时，人称代词与原形完全相同，即"𠊎 [ŋai¹³]""你 [ȵi¹³]""佢 [tɕi¹³]"都是阳平调，当人称代词作定语有格变化。例如：

---

① 曾以《四川客家方言の代词の比較研究》为题，发表于《中國文學研究》第四十期（2014年12月）。有改动。

ŋa⁴⁵ke³¹tan⁵³kɔŋ⁴⁵tʰɔŋ⁴⁵e⁴⁵iau³¹, tɕi⁴⁵ke³¹m̩¹³hau³¹sɿ³¹, iuŋ³¹ha⁵³tsɿ³¹n̩i⁴⁵ke³¹

俚个担竿断欸了，佢个唔好使，用下子你个_{我的扁担断了，他的不好用，用下你的}。

例句中，三个人称代词一律由阳平调变成了阴平调，第一人称"俚"还丢失了韵尾。这种现象在我们调查的成都石板滩客家话，还有威远石坪客家话均存在。石板滩客家话人称代词"俚〔ŋai¹³〕""你〔i¹³〕""佢〔tɕi¹³〕"作定语时，也会由低升的阳平调13变成阴平调45，而且常常在变化形式后面再加上结构助词"个〔kɛ〕"。

对于客家方言代词单数"领格"的来源和性质，有"临时音变说"（董同龢1956）、"合音说"（李作南1965）、"词形变化说"（袁家骅1983），严修鸿（1999：243－244）则认为是实词语素的词汇合音形式，而非"词形变化"和"内部屈折"。即人称代词和北方话表复数的词缀"～家"合音的结果，合音后，韵母与声调受"家"的影响。四川客家方言如威远石坪、泰兴的人称代词作定语时，韵母方面的变化，除第一人称代词丢失韵尾外，第二、三人称的韵母均都有什么变化。或许这两个人称代词的声调直接受到词缀"～家"的感染变成了阴平调，以第三人称为例：

石板滩：tɕi¹³＋ka⁴⁵（家）→tɕi⁴⁵

石　坪：tɕi³¹＋ka¹³（家）→tɕi¹³

我们认为，〔tɕi〕的韵母可能没有发生和"～家"合音再高化、脱落这个过程。

2　人称代词的复数形式

四川客家方言人称代词的复数形式比较复杂多样。见下表：

方言点	第一人称复数	第二人称复数	第三人称复数
盘龙	俚等〔ŋai²¹⁴tən⁴⁵〕	你等〔n̩i²¹⁴tən⁴⁵〕	佢等〔tɕi²¹⁴tən⁴⁵〕
石板滩	俚们〔ŋai¹³mən⁴⁵〕	你们〔i¹³mən⁴⁵〕	佢们〔tɕi¹³mən⁴⁵〕
铁佛	俚□〔ŋai 31 nɛ¹³〕 俚们〔ŋai³¹mən³¹〕	你□〔n̩i³¹nɛ¹³〕 你们〔n̩i³¹mən³¹〕	佢□〔tɕi³¹nɛ¹³〕 佢们〔tɕi³¹mən³¹〕
响石	俚等〔ŋai¹³tən⁴⁵〕	你等〔n̩i¹³tən⁴⁵〕	佢等〔tɕi¹³tən⁴⁵〕

续表

方言点	第一人称复数	第二人称复数	第三人称复数
冷家	𠊎等〔ŋai²¹ tən³³〕	你等〔n̠i²¹ tən³³〕	佢等〔tɕi²¹ tən³³〕
乐兴	𠊎等〔ŋai¹¹ tən⁵³〕	你等〔ŋ¹¹ tən⁵³〕	佢等〔tɕi¹¹ tən⁵³〕
泰兴	𠊎们〔ŋan¹³ lin⁴⁵〕 /〔ŋan¹³ n̠in⁴⁵〕	你们〔n̠in¹³ lin⁴⁵〕	佢们〔tɕin¹³ lin⁴⁵〕

从上表看，四川客家方言人称代词复数词缀有"～们""～等""～□〔ne¹³〕"。威远石坪客家话（崔荣昌 2011：468－469）复数词缀最为丰富，有"～兜""～兜人""～等""～等人"，和广东梅县话的复数形式相同，"～兜""～等"应该分别是"～兜人""～等人"的省略形式。

石板滩和铁佛客家话复数词缀"～们"的语音形式"〔mən〕"和毗邻带官话相同，是不是来源于官话？笔者根据文献资料，考察了梅县、连城、丰顺、平远、五华、清溪、宁化等多个点的客家话，这些方言点的复数词缀是"～等"或"～兜""～等人""～兜人""～多人""～侪"等。福建长汀客家话复数形式是"～侪们〔ɕtsʰimeŋ⁰〕"，福建连城新泉客家话复数词缀是"～侪〔ɕtsʰi〕"。据此推测，"～侪"是长汀客家话原有复数词缀，后来受到官话词缀"～们"的影响，出现了两个历史层次复数词缀的叠加式"～侪们"，这种叠床架屋的复数词缀证明四川客家方言复数词缀"～们"有可能来自官话。今铁佛客家话"～□〔ne¹³〕"和"～们"并存，"～□〔ne¹³〕"是客家话原有复数形式，"～们"是受四川官话影响所致，二者正处于此消彼长的竞争状态。

3 自称和他称代词

四川客家方言自称代词有"齐家"和"自家"，"齐"和"自"主要是阳平调，铁佛"自"是阴平调。他称代词有"别侪"和"人家"，盘龙镇客家话"别侪〔pʰiʔ⁵¹ sa³¹〕"与四川其它客家方言点差异较大。总体看，和梅县客家话相比，自称和他称代词基本保留了客家话的特色。

	自己	大家	别人
盘龙	齐家 [tɕʰi²¹⁴ka⁴⁵]	大家 [tʰai³¹ka⁴⁵]	别侪 [pʰiʔ⁵¹sa³¹]
石板滩	齐家 [tɕʰi¹³ka⁴⁵]	大家 [tʰai³¹ka⁴⁵]	人家 [ȵin¹³ka⁴⁵]
铁佛	自家 [tsʰɿ¹³ka¹³⁻³¹]	大家 [tʰai⁵³ka¹³⁻³¹] 大自家 [tʰai⁵³tsʰɿ¹³ka¹³⁻³¹]	人家 [in³¹ka¹³⁻³¹]
响石	齐家 [tɕʰi¹³ka⁴⁵]	大齐家 [tʰai³¹tɕʰi¹³ka⁴⁵]	别侪 [pʰiʔ⁵¹sa³¹]
冷家	自家 [tsʰɿ²¹ka³³]	大自家 [tʰai⁴¹tsʰɿ²¹ka³³]	人家 [ȵin²¹ka³³]
乐兴	齐家 [tɕʰi²¹ka³³]	大齐家 [tʰai⁵³tɕʰi²¹ka³³]	人家 [ȵin²¹ka³³]
泰兴	自家 [tɕʰi¹³ka⁴⁵]	大家 [tʰai³¹ka⁴⁵] 大自家 [tʰai³¹tɕʰi¹³ka⁴⁵] 尽兜 [tɕʰin⁵³tiəu⁴⁵] 大侪 [tʰai³¹sa¹³]	人家 [ȵin¹³ka⁴⁵]
梅县	自家 [tsʰɿ⁵²/²²ka⁴⁴]	尽兜 [tsʰin⁵²teu⁴⁴]	别人 [pʰet⁵ȵin²²] 别人家 [pʰet⁵ȵin²²ka⁴⁴] 人家 [ȵin²²ka⁴⁴]

"尽兜"一词在成都洛带、凉水井、隆昌、西昌都有分布（兰玉英、蓝鹰、曾为志等 2015：303），四川官话里有"尽都"一词，语音相近，但官话里的"尽都"是范围副词，用于对数量的总括，语义前指，意思是全部、全都（例句：他们尽都走了），四川官话副词"尽都"应该和四川客家方言代词"尽兜"不是相互影响或渗透的结果。

第二节 指示代词

1 表人、物的指示代词

表示近指代词有"底""样"和"□ [i⁵³]""解"四种形式，表示远指代词比较整齐统一，大多是"解 [kai]"，泰兴既可用"解 [kai⁵³]"，也可用"□ [i⁵³]"，多是阴平调。见下表：

普通话	盘龙	石板滩	铁佛	响石	冷家	乐兴	泰兴
这	底［ti31］	样［ioŋ13］	□［i53］	解［kai13］	底［ti41］	底［ti53］/□［i53］	样［iaŋ13］/底［i31/ti31］
那	解［kai45］	解［kai53］	解［kai13］	解［kai51］	解［kai33］	解［kai13］	個［kai53］/□［i53］

值得一提的是，表示同一语义有两种或多种语法形式并存并用的现象。例如，表示普通话的"这"，凉水井客家话（董同龢 1956：160）有"底［ti31］"和"样［liaŋ13］"两个形式，"底"从唐代开始就用作指代词。成都合兴客家话（崔荣昌 2011：84）有"□［i31］"和"样［iaŋ13］"，泰兴和乐兴客家话"［ti］""［i］"并存，"［i］""［iaŋ］"可能是"［ti］""［liaŋ］"脱落声母所致。兰玉英（2005：237）根据成都洛带与凉水井近指代词的读音，考察出"［i31］"由"［ti31］"脱落而来，我们认为这种看法是可信的。

隆昌响石、泰兴客家方言利用声调变化来别义，"解［kai13］"表近指"这"，"解［kai51］"表远指"那"，泰兴"底［i31］"表近指"这"，"底［i53］"表远指"那"。

石坪客家话表示远指"那"之义有三种语法形式："那［nai55］""解［kai55］"和"□［ai55］"，"解"最常用，"那［nai55］"是去声调，跟官话成都话远指"那［nai213］"去声调类似，可能是受官话影响的结果。

2 表处所的指示代词

大多四川客家方言点的处所代词，是由指代词"底""解"加后缀"子"或"样"等构成。见下表：

普通话	盘龙	石板滩	铁佛	响石	冷家	乐兴	泰兴
这里	底样 ［ti31ioŋ51］	样子 ［ioŋ13tsɿ31］	□坨子 ［i53tʰo31tsɿ31］	解样 ［kai13ioŋ51］	底子 ［ti41tsɿ21］	底子 ［ti53tsɿ53］ □子 ［i53tsɿ53］	底子 ［i31tsɿ31］ 底样 ［i31iaŋ45］
那里	解样 ［kai45ioŋ51］	解子 ［kai53tsɿ31］	解坨子 ［kai13tʰo31tsɿ31］	解样 ［kai51ioŋ51］	解子 ［kai33tsɿ21］	解子 ［kai13tsɿ53］	個子 ［kai53tsɿ31］ 個样 ［kai53iaŋ45］ 個只样 ［kai53tsaʔ32iaŋ45］

四川官话处所指代词没有"子"尾，和客家话差异较大。

3 表示时间的指示代词

成都话指示时间的代词分别是"这阵（子）［tse²¹³ tsən²¹³（tsๅ⁵³）］""那阵（子）［na²¹³ tsən²¹³（tsๅ⁵³）］"，或"这下儿［tse²¹³ xər⁵⁵］""那下儿［na/ne/nai²¹³ xər⁵⁵］"。四川客家方言指示时间的代词也有"子"尾和"儿"尾两种，由单纯指代词后加"下儿"或"下子"构成。例如铁佛和冷家客家话是"～下儿"，石板滩和盘龙客家话是"～下子"。这里不再列表。

4 表程度的指示代词

普通话	盘龙	石板滩	铁佛	响石	冷家	乐兴	泰兴
这么	咁样（子）	咁门	唉样子 ［an⁵³ iɔŋ⁴⁵ tsๅ³¹］	咁样	咁么	咁样（子）	咁（门）
那么	［kɔn³¹ iɔŋ⁵¹］	［kɔn⁵³ mən⁴⁵］	唉门子 ［an⁵³ mən⁴⁵ tsๅ³¹］	［kɔn³¹ iɔŋ⁵¹］	［kɔn⁴¹ mo³³］	［kɔn⁵³ iɔŋ⁵³］	［kan⁵³ mən⁴⁵］

从上表看出，相当于普通话的"这么""那么"，四川客家方言用同一语法形式来表示，即表示程度的指代词没有近指和远指之分。梅县客家话（林立芳1999：190）的"唉［an］"，福建清流客家话（项梦冰1999：218）的"□［kaŋ⁵⁵］"，中山客家话"咁［kan²¹］"都有这种用法，表程度时不区分距离的远近。四川客家方言保留了代词词根"咁"或"唉"，"唉"可能也是"咁"脱落声母所致。但与梅县等客家话相比，四川客家方言"咁"或"唉"不单独作指代词用，其后需黏附"～样（子）""～子"或"～门（子）"。成都话表程度的指示代词是"这么""那么"。张一舟（2001：229）指出，"这""那""么"都有一些音变形式，"么"有［mo⁵⁵］、［mən⁵⁵］两种音变，"［mən⁵⁵］"也写作"门"的，本书按照读音采用"门"的写法。

第三节 疑问代词

1 问人和事物的疑问代词

梅县客家话（林立芳1999：192）问人的疑问代词是"瞒人［man³¹

ŋin²²]""奈侪〔nai⁵²sa²²〕（或艾侪〔ŋai⁵²sa²²〕）"，新派常用"瞒人"，老派常用"奈侪"或"艾侪"。问事物的疑问代词是"脉个〔mak¹ke⁵²〕"。四川客家方言问人和事物的疑问代词大致和梅县客家话相近。见下表：

普通话	盘龙	石板滩	铁佛	响石	冷家	乐兴	泰兴
谁	哪人 〔la⁵¹ŋin³¹〕 奈只 〔lai⁵¹tsa⁵¹〕	奈只 〔nai⁵³tsa³¹〕	脉人 〔mai⁵³ŋin³¹〕	奈只 〔nai⁵¹tsa⁵¹〕	奈人 〔nai⁴¹ŋin²¹〕	脉人 〔mai⁵³ŋin²¹〕	哪人 〔la³¹ŋin¹³〕 哪侪 〔la³¹sa¹³〕 哪只子 〔lai³¹tsaʔtsๅ³¹〕
哪 （指物）	哪/奈 〔la⁵¹/lai⁵¹〕	奈 〔nai⁵³〕	哪/奈 〔na⁵³/nai⁴⁵〕	奈 〔nai⁵¹〕	奈 〔nai⁴¹〕	脉 〔maʔ³³〕	哪 〔la³¹〕
什么	乜个 〔meʔ⁵¹ke³¹〕	奈个 〔nai⁵³kɛ³¹〕	脉个 〔maʔ²³kɛ³¹〕	乜个 〔meʔ⁵¹ke³¹〕	乜个 〔mɛ²⁵kɛ²¹〕	脉个 〔maʔ³³kɛ²¹〕	脉个 〔maʔ³²ke⁵³〕

相当于普通话"谁"的语法形式，在四川客家方言有"脉人""奈人""哪人"和"奈只"等形式，语音集中为〔mai〕和〔nai/lai〕。在表义上，除了问人，也可以用于任指，表示任何人。"奈"相当于普通话的"哪"，除了跟"人"组合，还可以跟问物、问处所的成分组合，构成疑问代词"奈个""奈子""奈样"。盘龙和铁佛客家话有"哪"和"奈"，二者表义及用法相同，可自由替换，"哪〔la/na〕"的语音是不是来源于"奈〔lai/nai〕"韵尾的脱落？还是官话同义疑问代词"哪〔la/na〕"的借用，很难说清楚。

石板滩客家话"奈只"既可用于问人，也可以用来询问事物，例如："奈只来了（谁来了?）""奈只杯子（哪个杯子?）"。崔荣昌（2011：469）调查威远石坪客家话问人的代词有五种形式并存：哪个〔nai⁵³kɛ⁵⁵〕、哪个人〔nai⁵³kɛ⁵⁵ŋin³¹〕、乜人〔maʔ²³ŋin³¹〕、哪下〔nai⁵³ha¹³〕、哪下人〔nai⁵³ha¹³ŋin³¹〕。"哪下"和中山客家话（甘甲才2003a）"那霞〔na⁵⁵ha²¹〕"语音相近，有可能是同词在不同方言点的音变。

2 问处所、数量和原因的疑问代词

问处所、数量和原因的疑问代词在四川客家方言里词形比较统一，故一并列表如下：

普通话	盘龙	石板滩	铁佛	响石	冷家	乐兴	泰兴
哪里	奈样 [lai⁵¹ioŋ⁵¹]	奈子 [nai⁵³tsʅ³¹]	奈坨子 [nai⁴⁵tʰo³¹tsʅ³¹]	奈样 [nai⁵¹ioŋ⁵¹]	奈子 [nai⁴¹tsʅ²¹]	奈子 [nai⁵³tsʅ⁵³]	哪子 [lai³¹tsʅ³¹]
多少	好多 [hau³¹to⁴⁵]	好多 [hau³¹to⁴⁵]	好多 [hau⁵³to¹³]	好多 [hau³¹to⁴⁵]	好多 [həu⁴¹to³³]	好多 [həu⁵³təu³³]	好多 [hau³¹to⁴⁵] 几多 [tɕi³¹to⁴⁵]
为什么	为/做乜个 [uei⁵¹/tso⁵¹ me?⁵¹ke³¹]	唥门（子）[nioŋ⁵³ mən⁴⁵ʅ³¹] 做奈个 [tso?⁵³nai⁵³ kε³¹]	为/做脉个 [uei⁴⁵/tso⁴⁵ ma?³kε³¹]	为/做乜个 [uei⁵¹/tso⁵¹ me?⁵¹ke³¹]	为/做乜个 [uei²⁵/tsu²⁵ mε?⁵kε²¹]	为/做脉个 [uei¹³/tsəu¹³ ma?³kε¹¹]	做脉个 [tso⁵³ma³² kε⁵³]

问处所的疑问代词，梅县客家话是"奈里 [nai⁵²le²²]"（或艾里 [ŋai⁵² le²²]）、"奈滴 [nai⁵²tit¹]"（或艾滴 [ŋai⁵²tit¹]）。四川石板滩、冷家、乐兴等方言点都是"奈子"，只有盘龙客家话是"奈样 [lai⁵¹ioŋ⁵¹]"。

问数量的疑问代词都是用"好多"，和梅县客家话问数量的代词"诘多 [kit¹to⁴⁴]"、"诘多欸 [kit¹to⁴⁴e²²]"差异较大，但和四川官话相应的疑问词"好多"语音形式很接近。泰兴客家话问数量的代词"好多"和"几多"并存并用，"好多"来自于四川官话，"几多"则是客家话原有代词的保留。

问原因的疑问代词用"为/做乜个"或"为/做脉个"，"乜个""脉个"相当于普通话的"什么"。

3 问情状、方式的疑问代词

普通话问情状、方式的疑问代词是"怎么""怎样"或"怎么样"，四川客家方言主要用疑问代词"唥门"来表示。"唥门"的"唥"只是借用字形，本字待考。"唥"的语音在各方言点有所差异，字形统一为"唥"。四川客家方言情状、方式疑问代词见下表所列：

普通话	盘龙	石板滩	铁佛	响石	冷家	乐兴	石坪
怎么 怎样 怎么样	唥门 [loŋ⁴⁵mən⁴⁵]	奈个样 [nai³³kε³¹ioŋ⁵³] 唥门（子）[nioŋ⁵³mən⁵³ʅ³¹]	唥门子 [ŋoŋ⁵³mən⁴⁵tsʅ³¹]	酿门子 [ȵioŋ⁵³mən⁴⁵tsʅ³¹]	唥门子 [ŋoŋ⁴¹mən³³tsʅ³¹]	唥门 [loŋ²¹mən²¹]	酿门子 [ȵioŋ⁵⁵mən⁵⁵ʅ⁰]

威远石坪客家话的"酿门"的"酿 [ȵioŋ]"，和梅县客家话（林立芳1999：199）相应疑问代词"样欸 [ȵioŋ⁵²ŋe²²]""样般 [ȵioŋ⁵²pan⁴⁴]"的

"样［n̠ioŋ］"声韵相同，但"釀门子"的构成成分"门子"有可能来自四川官话，四川不少官话点有"啷门子"疑问代词。我们推测，石坪客家话"釀门子"有可能是客家话和四川官话结合产生的疑问代词。铁佛、冷家和乐兴客家话的"啷门子"则和官话"啷门子"语音相近，用法相同。

综上，四川客家方言的代词系统仍保留了原有基本面貌，很难被借用，"这可能和代词语素与一般构词语素不在同一个语义层面有关"（陈保亚1996：124）。由于四川客家方言长期处于双方言环境中，受四川官话影响，出现来自官话成分和原有客家话成分并存并用的现象，如泰兴客家话问数量的代词"几多"和"好多"并存，"几多"是客家话原有疑问代词的保留，"好多"则来自官话。语言接触的结果，还产生了一些合璧词，如石坪客家话的"釀门子"的"釀"来自客家话，"门子"来自官话。又如"偓们""你们""佢们"中的"偓""你""佢"来自客家话，词缀"们"来自官话。

第五章　否定词

四川客家方言否定词有"唔""唔曾""莫""冇（得）""没（得）"，下文分别对否定词的形式和用法逐一展开考察。

第一节　唔

1　唔

"唔"是四川客家方言常用副词之一，和普通话"不"大体相当。"唔"既可以修饰动词，也可以修饰形容词，表示对某种动作行为、变化、关系或性质等的否定。例如：

盘　龙：(1) 佢从来唔［m²¹⁴］食烟。他从来不抽烟。

　　　　(2) 你长得唔胖。

石板滩：(1) 佢从来唔［m¹³］食烟。

　　　　(2) 你长得唔胖。

铁　佛：(1) 佢从来唔［m³¹］烧烟。

　　　　(2) 你长得唔胖。

响　石：(1) 佢从来唔［m¹³］烧烟。

　　　　(2) 你长得唔胖。

冷　家：(1) 佢从来唔［m²¹］食烟。

　　　　(2) 你长得唔胖。

乐　兴：(1) 佢从来唔［m²¹］食烟。

　　　　(2) 你长得唔胖。

"唔"也可出现在某些动词之前，表示对某种主观意愿的否定。例如：

盘　龙：(3) 佢唔喝水。他不喝水。

响　石：(3) 佢唔食水

冷　家：(3) 佢唔食水。

乐　兴：(3) 佢唔啜水。

在盘龙和石板滩客家方言里，"唔"也可位于句末构成反复问句形式，"唔"仍读阳平本调而不读轻声，句末"唔"的用法等同西南官话反复问句"VP不"的"不"，否定回答是"唔VP"。响石客家话一般不用"VP唔"问句。例如：

盘　龙：(4) 你食酒唔？你喝不喝酒？

(5) 你係老师唔？你是不是老师？

(6) 你还爱舀点子饭唔？你还要不要盛点饭？

石板滩：(6) 你还爱舀点子饭唔？

(7) 你记得倒唔？你记不记得住？

据调查，盘龙和石板滩官话方言都有"不"结尾的问句，尽管客家人都会两种方言，但否定副词"不"尚未进入客家话，盘龙客家话的发音人则明确表示"湖广人"才会说"不"，他们尽量回避使用"不"。兰玉英、蓝鹰、曾为志等（2015：315）指出西昌客家话虽然有否定副词"不"，但只能用在句末，构成"VP不 [po$^{53/31}$]"疑问句，"不"不能用在动词、形容词前。不过，如果假以时日，由于方言密切接触，四川客家话否定副词"唔"可能还是会被功能相同的西南官话"不"所取代。

铁佛和乐兴客家方言既没有"VP唔"，也没有"VP不"，而用"VP么"。例如：

铁　佛：(8) 你记得倒么 [mo^{31}]？

(9) 你马上走么？

(10) 佢专心看书么？

乐　兴：(8) 你记得倒么 [mo^{21}]？

(9) 你马上走么？

(10) 佢专心看书么？

上述铁佛和乐兴客家方言例句"VP 么"在毗邻带官话均用"VP 不"来表达。

　　"VP 唔"曾在香港新界客家话里使用过，今天新界一带的客家话中已经不再使用了，取而代之的是以语气助词"么［.mo］"煞尾的是非问句或者另一类反复问句"V（A）V（A）"（张双庆、庄初升2001）。例如：你哩爱着衫裤，系乜个缘故，你知唔?（《启蒙浅学》八十六讲），到了今天只能说成"你哩爱着衫裤，系乜个缘故，你知么?"或者"你哩爱着衫裤，系乜个缘故，你知唔知?""VP 唔"在四川客家方言中分布范围较小，使用频率不如"V 唔 VP"高，铁佛和乐兴客家方言没有"VP 唔"而用"VP 么"表达，似乎也走了一条和香港新界客家话相同的发展道路。

　　此外，四川客家话还用"有唔有"格式来对动作、事态已然情况或对动作、事态客观存在情况进行提问，相当于普通话的"没（有）"。"有唔有"后既可跟名词性成分，也可跟谓词性成分。例如：

　　　　盘　龙：(11) 有唔有钱?
　　　　　　　　(12) 有唔有洗脚?
　　　　石板滩：(11) 有唔有钱?
　　　　　　　　(12) 有唔有洗脚?
　　　　铁　佛：(11) 有唔有钱?
　　　　　　　　(12) 有唔有洗脚?
　　　　冷　家：(11) 有唔有钱?
　　　　　　　　(12) 有唔有洗脚?
　　　　乐　兴：(11) 有唔有钱?
　　　　　　　　(12) 有唔有洗脚?

"有唔有"在盘龙和石板滩客家话里可以换用为"有冇"，相当于普通话"有没有"之义，否定回答用副词"唔曾"表示。

2　唔爱

　　"唔"修饰助动词"爱"时，相当于普通话"别"或"不要"之义，表示对某种意愿的否定、禁止或劝阻，"唔爱"常发生合音。这种现象分布在盘龙、石板滩、铁佛和响石四个方言点，乐兴和冷家没有"唔爱"，而是用否定词"莫"来表达。例如：

　　盘　龙：（13）唔爱［moi⁴⁵］开风扇。不要开风扇。

　　　　　　（14）食饭个时候，唔爱骂细节子。吃饭的时候，不要骂孩子。

　　石板滩：（13）唔爱［moi⁴⁵］开风扇。

　　　　　　（14）食饭个时候，唔爱骂细节子。

　　铁　佛：（13）唔爱［moi¹³］开风扇。

　　　　　　（14）食饭个时候，唔爱誻细人子。

　　响　石：（13）唔爱［moi⁴⁵］开风扇。

　　　　　　（14）食饭个时候，唔爱誻细节子。

盘龙客家方言"唔爱"的合音形式是：唔［ŋ²¹⁴］＋爱［oi⁵¹］→唔爱［moi⁴⁵］；石板滩客家方言是：唔［ŋ¹³］＋爱［oi⁵³］→唔爱［moi⁴⁵］；铁佛客家方言是：唔［ŋ³¹］＋爱［oi⁴⁵］→唔爱［moi¹³］，响石客家方言"唔爱"也合音为［moi⁴⁵］。这四个方言点"唔爱"合音后都变成了阴平调。

3　唔兴

　　当表示责备、不满等语气时，铁佛等客家方言可以用"唔兴"来表达，和"唔"表义相同，但使用范围小，限于自主行为动词前。例如：

　　铁　佛：（15）扫地来，又唔兴把地来扫光净。要扫地又不把地扫干净。

　　冷　家：（15）扫泥下，又唔兴把泥下扫光净。

　　乐　兴：（15）扫泥下，又唔兴把泥下扫光净。

　　以上例句的"唔兴"都可以换用为"唔"，但语气有所不同，因为含"唔兴"的句子都带有责备、不满的语气。有时"唔兴"还含有"提醒、警告"等语气。如：

　　铁　佛：（16）唔兴把银行个钱还欸佢，利息高得很。如果不把银行的钱还了，利息高得很。

　　　　　　（17）唔兴做作业，你爸爸晓得哩爱打你。不做作业的话，你爸爸知道了要打你。

　　冷　家：（16）唔兴把银行个钱还撇，利息高得很。

(17) 唔兴做作业，你阿爸晓得哩爱打你。

乐　兴：(16) 唔兴把银行个钱还撇，利息高得□ [saʔ⁵]。

(17) 唔兴做作业，你爹爹晓得嘞爱打你。

第二节　唔　曾

　　"唔曾"用在谓词性成分前，表示对动作、事态已然的否定或对动作、事态客观存在的否定，相当于普通话里的"没（有）"。"唔曾"的语音形式在各客家方言稍有差异，但句法分布和语义完全相同。"唔曾"既可以出现在动词性成分前，也可以出现在形容词性成分前，表示对事物某种性质的否定。例如：

盘　龙：(1) 佢昨晡日也唔曾 [ŋ²¹⁴tɕʰian²¹⁴⁻³¹] 来。他昨天也没有来。

(2) 你个满子还唔曾结婚？你的小儿子还没有结婚？

(3) 桃子还唔曾红。桃子还没有红。

石板滩：(1) 佢昨晡日也唔曾 [ŋ¹³ni ɛ̃¹³] ／ [ŋ¹³nɛ¹³] 来。

(2) 你个细俫子还唔曾结婚？

(3) 桃子还唔曾红。

铁　佛：(1) 佢昨晡日也唔曾 [ŋ³¹tɕʰian³¹] 来。

(2) 你个细俫子还唔曾结婚？

(3) 桃子还唔曾红。

响　石：(1) 佢昨晡日也唔曾 [ŋ¹³nian¹³] 来。

(2) 你个俫子还唔曾结婚？

(3) 桃子还唔曾红。

冷　家：(1) 佢昨晡日也唔曾 [ŋ²¹tɕʰian²¹] 来。

(2) 你哩幺俫子还唔曾结婚？

(3) 桃子还唔曾红。

乐　兴：(1) 佢昨晡日也唔曾 [ŋ²¹tɕʰian²¹] 来。

(2) 你个幺俫子还唔曾结婚？

(3) 桃子还唔曾红。

值得注意的是，冷家乡客家方言否定副词"唔曾"可以和"没（有）"自由替换，如"桃子还唔曾红"也可以说"桃子还没有红"。从来源上看，"唔曾"是客家话固有的，"没有"可能来自四川官话。乐兴客家方言"唔曾"也可用否定副词"没（有）"替换，但"唔曾"比"没（有）"使用普遍。

对动作、事态已然情况或对动作、事态客观存在情况进行提问时，"唔曾"可以放在句末构成问句，这种现象多见于盘龙、石板滩、铁佛和响石客家方言点。当"唔曾"位于句末时，盘龙客家方言"唔曾"可合音为［lian^{31}］，石板滩"唔曾"快读时语音形式为［nɛ^{13}］或［ni ɛ^{13}］。例如：

  盘 龙：（4）找到唔曾？<small>找到没有？</small>

     （5）佢在屋家唔曾？<small>他在家没有？</small>

     （6）朝清早你食蛋唔曾？<small>早上你吃蛋没有？</small>

  石板滩：（4）找到唔曾？

     （5）佢在屋家唔曾？

     （6）清早晨你食蛋唔曾？

  铁 佛：（4）找到唔曾？

     （5）佢在屋下唔曾？

     （6）清早头你食哩蛋唔曾？

  响 石：（4）找到唔曾？

     （5）佢在屋下唔曾？

     （6）朝清早你食哩蛋唔曾？

铁佛句末的"唔曾"表达的语义，也可用"么［mo^{31}］"来表示。上述例句里的"唔曾"，在冷家和乐兴客家话里都常用"么"来表示，"唔曾"很少有用于句末的情况。

第三节　莫

表禁止或劝阻等义时，石板滩和铁佛客家方言除用"唔爱"来表达，还可用否定词"莫"，响石、冷家、乐兴客家话表劝阻或禁止等义常用"莫"

而很少用"唔爱"。例如：

石板滩：（1）今晡日有兜子冷，出去莫［mo¹³］着少了。今天有点冷，
出去不要穿少了。

（2）莫打岔罗子，你等佢讲完哆。不要插嘴，你等他说完再说。

（3）讲欸你莫叫，你还爱叫。叫你不要哭，你还要哭。

铁　佛：（1）今晡日有点儿冷，出去莫［mo¹³］着薄哩。

（2）莫打岔，你等佢讲完来。

（3）讲欸你莫叫，你还爱叫。

响　石：（1）今日有兜子冷，出去莫［mo⁴⁵］着少唠。

（2）你莫多话，等佢讲了再讲。

（3）讲欸你莫叫，你还爱叫。

冷　家：（1）今日有点儿冷，出去莫［mo²¹］着少哩。

（2）莫打岔，你等佢话了才。

（3）话哩你莫哭，你还爱哭。

"莫"是四川官话常用的否定词，一般只修饰动词性成分，用于祈使句，表示商议、劝阻、提醒、命令或禁止等语义。"莫"在四川客家方言的分布和频率上有差异。盘龙客家方言没有"莫"，石板滩、铁佛和冷家方言点"唔爱"和"莫"并存并用，但使用频率不同，石板滩"唔爱"比"莫"常用，铁佛"唔爱"和"莫"使用频率差不多，但冷家常用的是"莫"，"唔爱"很少使用。即从四川客家方言"唔爱"和"莫"的分布和使用频率看，保留较好的客家方言点以"唔爱"占据优势地位，而冷家客家方言点是受官话影响最大的，以否定副词"莫"为最常用。

四川客家方言的否定副词"莫"是不是来源于官话？我们考察了四川外的客家方言使用情况。张双庆、庄初升（2001）指出，香港新界一带的客家人不使用"莫"作为否定词，表示劝阻或禁止的否定词是"唔爱""唔使"或"唔好"。广东丰顺、福建宁化客家话也没有否定词"莫"。福建连城客家话（项梦冰 1997：226）有否定副词"莫［mauʔ⁵⁵］"（莫讲、莫去），但四川客家方言的"莫［mo］"和连城"莫［mauʔ⁵⁵］"在语音上有所差异，而与四川官话"莫［mo²¹］"的语音形式相同。因此，根据"唔爱"和"莫"在四川客家方言里的分布和使用情况，及参考其它客家方言点的文献资料，

我们推测四川客家方言的"莫"的使用受官话影响较大。

第四节 冇、冇得

"冇（得）"相当于普通话的"没（有）"。"冇"或"无［ᶻmau］"可作否定副词用，如广东丰顺客家话（黄婷婷 2009：31）、福建宁化客家话（张桃 2004：177）。四川客家方言的"冇（得）"仅有表否定义的动词用法，而且仅在部分客家方言点里有分布，如石板滩、盘龙和响石客家方言，铁佛、冷家、乐兴客家方言已使用"没得"或"没"来表示否定义。

动词"冇（得）"一般位于体词性成分前，表示对事物拥有、存在等的否定。例如：

盘　龙：（1）佢冇（得）［mau²¹⁴teʔ⁵¹］电视。他没得电视。

（2）细块细块个，冇（得）用。小块小块的，没有用处。

（3）把车开倒落去，冇（得）事。把车开进去，没关系。

石板滩：（4）你冇（得）［mau¹³tɛʔ³］咁多钱。你没有那么多钱。

（5）天阴倒阴倒个，冇法晒东西。天阴着，没办法晒东西。

（6）餐把餐唔曾食够，冇（得）来头。一顿两顿没吃饱，没关系。

"冇得"或"冇"可和"有"构成"有冇……"或"有冇得……"的反复问句。例如：

盘　龙：（7）有钱冇（得）？有钱没有？

（8）有冇钱？有没有钱？

（9）有冇新衫？有没有新衣服？

（10）有冇得剪刀？有没有剪刀？

石板滩：（7）有钱冇（得）？

（8）有冇钱？

（9）有冇新衫？

（10）有冇得剪刀？

其它客家方言里"冇"作否定副词用，表示对动作或状态发生或存在的否定时，四川客家方言用"唔曾"来表达。

第五节　没、没得

盘龙、石板滩、响石客家方言里的"冇"或"冇得"的动词用法，在铁佛、冷家和乐兴客家方言里用"没"或"没得"表达。例如：

铁　佛：(1) 没得 $[\text{mo}^{31}\text{tɛʔ}^3]$ 事，你睡得了。没有事，你可以睡了。

　　　　(2) 细块细块个，没得用得。小块小块的，没有用处。

　　　　(3) 餐把餐唔曾食饱，没来头。一顿两顿没吃饱，没关系。

冷　家：(1) 没得 $[\text{mo}^{21}\text{tɛʔ}^5]$ 事，你睡得了。

　　　　(2) 细块细块哩，没得用。

　　　　(3) 餐把餐没食够，没来头。

乐　兴：(1) 没得 $[\text{mo}^{21}\text{tɛʔ}^5]$ 脉个事，你睡得了。

　　　　(2) 细块细块个，没得用。

　　　　(3) 餐把餐没食够，没来头。

铁佛客家话例（3）否定谓词"食饱"只能用"唔曾"修饰，而在冷家和乐兴客家方言里，则可以用"没"修饰，也就是说"没"除了动词用法，还有否定副词的用法。不过，"没"的副词用法常常也可用"唔曾"来表达，"没"从四川官话借过来，正和表义相同的否定副词"唔曾"展开角逐。

"没（得）"和"有"对举使用构成反复问句，但只有铁佛"没（得）"可位于"有"字句的句末。例如：

铁　佛：(4) 有没钱？

　　　　(4)'有钱没得？

　　　　(5) 你囗 $[\text{nɛ}^{13}]$ 屋下有没剪刀？你们家里有没有剪刀？

　　　　(5)'你囗 $[\text{nɛ}^{13}]$ 屋下有剪刀没得？你们家里有没有剪刀？

冷　家：(4) 有没得钱？

　　　　(5) 你等屋家有没得剪刀？

乐　兴：(4) 有没/没得钱？

（5）你等屋家有没/没得剪刀？

入川 300 多年，四川客家方言的否定词还保持着客家方言的基本面貌，如否定词"唔""唔曾"至今仍是常用否定词。但是，跟其它客家话相比，四川客家方言的否定词"冇得""冇"仅有动词用法，而且分布在部分客家方言点里，铁佛、冷家、乐兴客家方言已使用"没得"或"没"。冷家和乐兴客家方言"没"还有否定副词用法，"没"正逐渐进入客家话，和表义相同的否定副词"唔曾"将展开角逐。

下面把四川客家方言各类否定词的分布情况列表如下：

普通话	不		不要/别	没（有）副词		没（有）动词
成都话（官话）	不 VP	VP 不	莫	没有 VP	VP 没有	没（有）
盘龙客家方言	唔 VP	VP 唔	唔爱	唔曾 VP	VP 唔曾	冇（得）
石板滩客家方言	唔 VP	VP 唔	唔爱、莫	唔曾 VP	VP 唔曾	冇（得）
响石客家方言	唔 VP	–	唔爱、莫	唔曾 VP	VP 唔曾	冇（得）
铁佛客家方言	唔 VP	–	唔爱、莫	唔曾 VP	VP 唔曾	没（得）
冷家客家方言	唔 VP	–	莫	唔曾 VP	–	没（得）
乐兴客家方言	唔 VP	–	唔莫	唔曾 VP	–	没（得）

第六章　结构助词

本章集中讨论四川客家方言中相当于普通话结构助词"的""地""得"的语法成分。四川客家方言结构助词有"个""哩""子""到""得""得来",成都话有"哩""得""得来"。本章将分别从定语标记、转指标记、状语标记、状态形容词标记和补语标记这几个角度加以考察。其中,"个""哩"可作定语标记、转指标记、状语标记和状态形容词标记,分别记作"个$_1$""个$_2$""个$_3$"和"个$_4$","哩$_1$""哩$_2$""哩$_3$"和"哩$_4$","哩"还可作补语标记,记作"哩$_5$","子"可作状语标记和状态词标记,分别记作"子$_1$""子$_2$"。

第一节　定语标记"个$_1$""哩$_1$"

四川盘龙、石板滩等 6 个客家方言点,根据定语标记形式可分三类:

第一类,只有标记"个$_1$",如盘龙、响石和乐兴客家方言。

第二类,"个$_1$"和"哩$_1$"并存,借自官话的标记"哩$_1$"和客家方言原有标记"个$_1$"处于竞争状态,二者可以自由替换,如石板滩和铁佛客家方言。

第三类,只有标记"哩$_1$",原有的客家方言标记"个$_1$"已经被官话"哩$_1$"所取代,如冷家客家方言。

例如:

盘　龙:(1)佢个 [ke^{51}] 书。他的书。

(2)卖水果个阿公。卖水果的老爷爷。

(3)佢屋家个鸡。他家的鸡。

(4)慌里慌张个人。慌里慌张的人。

石板滩:(1)佢个 [kɛ$^{53/31}$] /哩 [ni$^{53/31}$] 书。

（2）卖水果<u>个</u>/<u>哩</u>阿公。

（3）佢屋家<u>个</u>/<u>哩</u>鸡。

（4）慌慌张张<u>个</u>/<u>哩</u>人。

铁　佛：（1）佢<u>个</u>［kɛ⁴⁵］/<u>哩</u>［ni³¹］书。

（2）卖水果<u>个</u>/<u>哩</u>老把子。

（3）佢屋下<u>个</u>/<u>哩</u>鸡。

（4）慌里慌张<u>个</u>/<u>哩</u>人。

响　石：（1）佢<u>个</u>［ke⁵¹］书。

（2）卖水果<u>个</u>阿公。

（3）佢屋下<u>个</u>鸡。

（4）毛手毛脚<u>个</u>人。

冷　家：（1）佢<u>哩</u>［ni²¹］书。

（2）卖水果<u>哩</u>老头儿。

（3）佢屋<u>哩</u>鸡。

（4）慌里慌张<u>哩</u>人。

乐　兴：（1）佢<u>个</u>［kɛ³³］书。

（2）卖水果<u>个</u>老头。

（3）佢屋家<u>个</u>鸡。

（4）慌里慌张<u>个</u>人。

虽然石板滩和铁佛客家方言定语标记都有"个₁"和"哩₁"，但石板滩的"哩₁"使用率不如"个₁"高，年轻一代偏向于使用"哩₁"。铁佛的"个₁"和"哩₁"使用频率差不多，可自由替换。

当"XX子"作定语，后面还有其它定语时，结构助词"个"可以省略。例如：

盘　龙：（5）厚厚子（个）一本书。<small>厚厚的一本书。</small>

（6）高高子（个）一条树子。<small>高高的一棵树。</small>

石板滩：（5）厚厚子（个）一本书。

（6）高高子（个）一条树子。

第二节 转指标记"个₂""哩₂"

和普通话结构助词"的"一样，四川客家方言"个""哩"可表转指，记为"个₂""哩₂"。转指标记"个₂""哩₂"常用于谓词性成分之后，构成"V/A+个/哩"结构，使 V/A 名词化。"V/A+个/哩"可作主语、宾语。如：

盘　龙：（1）去欸个就爱给钱。_{去了的就要给钱。}

　　　　（2）拿个瘦个来。_{拿个瘦的来。}

　　　　（3）你听佢讲个！_{你听他说的！}

　　　　（4）先把晒燥个收□［hɔŋ⁵¹］来。_{先把晒干的收起来。}

石板滩：（1）去欸个/哩就得给钱。

　　　　（2）选个瘦个/哩来。

　　　　（3）你听佢讲个/哩！

　　　　（4）先把晒燥个/哩收□［hɔŋ⁵³］来。

铁　佛：（1）去欸个/哩就得给钱。

　　　　（2）选个瘦个/哩来。

　　　　（3）你信佢讲个/哩！

　　　　（4）先把晒燥个/哩收起来。

响　石：（1）去哩个就爱给钱。

　　　　（2）选个瘦个来。

　　　　（3）你听佢讲个！

　　　　（4）先把晒燥个收□［hɔŋ⁵¹］来。

冷　家：（1）去撇哩就得给钱。

　　　　（2）选个瘦哩来。

　　　　（3）你信佢话哩！

　　　　（4）先把晒燥哩收起来。

乐　兴：（1）去撇个就得给钱。

　　　　（2）选个瘦个来。

　　　　（3）你信佢讲个！

（4）先把晒燥个收起落来。

例（1）－（4）的"个""哩"是把"V/A"名词化，四川客家方言定语标记"个₁""哩₁"和转指标记"个₂""哩₂"在同一方言点的分布相同。例（1）"去欸个"指"去了的人"，"瘦个"指"瘦的东西"，谓词性成分本指动作、性质或状态，加上助词"个"或"哩"后转指事物，"V/A＋个/哩"的语法功能和名词相同。

第三节　状语标记"个₃""哩₃""子₁"

1　状语标记"个₃""哩₃"

四川客家方言状语标记有"个₃""哩₃""子₁"，相当于普通话结构助词"地"。"个₃""哩₃""子₁"粘附的主要成分有副词、数量短语或形容词及其重叠式等。例如：

盘　龙：（1）老实个讲，偃也唔想去。老实说，我也不想去。

（2）佢鼓劲个挖土。他使劲地挖地。

（3）饭爱一口一口个食，话爱一句一句个讲。饭要一口一口地吃，话要一句一句地说。

（4）佢偷偷摸摸个去哈麻将。他偷偷摸摸地去打麻将。

（5）偃好心好意个和你讲，你又唔听。我好心好意地向你讲，你又不听。

石板滩：（1）老实个/哩讲，偃也唔想去。

（2）佢使劲个/哩挖地。

（3）饭爱一口一口个/哩食，话爱一句一句个/哩讲。

（4）佢偷偷摸摸个/哩去打麻将。

（5）偃好情好意个/哩同你讲，你又唔听。

铁　佛：（1）老实个/哩讲，偃也唔想去。

（2）佢展劲个/哩挖地。

（3）饭爱一口一口个/哩食，话爱一句一句个/哩讲。

（4）佢偷偷摸摸<u>个/哩</u>去哈麻将。

（5）催好心好意<u>个/哩</u>和你讲，你又唔听。

冷　家：（1）老实<u>哩</u>话，佢也唔想去。

（2）佢展劲<u>哩</u>挖地。

（3）饭爱一口一口<u>哩</u>食，话爱一句一句<u>哩</u>话。

（4）佢偷偷摸摸<u>哩</u>去打麻将。

（5）催好心好意<u>哩</u>跟你话，你又唔听。

乐　兴：（1）老实<u>个</u>讲，佢也唔想去。

（2）佢使劲<u>个</u>挖泥下。

（3）饭爱一口一口<u>个</u>食，话爱一句一句<u>个</u>讲。

（4）佢偷偷摸摸<u>个</u>去打麻将。

（5）催好心好意<u>个</u>跟你讲，你又唔听。

和定语标记、转指标记一样，石板滩状语标记"个₃"使用率仍高于"哩₃"。

2　状语标记"子₁"

状语标记"子₁"使用范围有限，一般限用在 AA 重叠式后，盘龙、石板滩等6个客家方言点都有分布。以盘龙、石板滩为例：

盘　龙：（6）你慢慢<u>子</u>［tsɿ³¹］食。你慢慢地吃。

（7）紧紧<u>子</u>逮倒。紧紧地拿着。

石板滩：（6）你慢慢<u>子</u>［tsɿ³¹］食。

（7）死死<u>子</u>逮倒。

标记"子₁"一般不用在非重叠式后面，而标记"个"不受此限制。例如把"<u>好生个讲</u>"中的"个"换成"子"，发音人自然而然就换成"<u>好好子讲</u>"，"好生"和"好好"词义相同，但一个为非重叠式，一个为重叠式。

"子₁"作状语标记时常和助词"个"或"哩"连用。例如：

盘　龙：（8）萝卜丝爱幼幼<u>子个</u>切。萝卜丝要细细地切。

石板滩：（8）萝卜丝爱幼幼<u>子个/哩</u>切。

铁　佛：（8）萝卜丝爱细细<u>子个/哩</u>切。

响　石：（8）萝卜丝爱幼幼<u>子个</u>切。

冷　家：（8）萝卜丝爱幼幼<u>子哩</u>切。

乐　兴：（8）萝卜丝爱细细<u>子个</u>切。

第四节　状态词标记"个$_4$""哩$_4$""子$_2$"

四川客家方言状态词标记有"个$_4$""哩$_4$"或"子$_2$"，这三个标记使用范围略有差异。"个$_4$""哩$_4$"作状态词标记不受任何限制，可以自由替换"子$_2$"。标记"子$_2$"一般粘附在双音节重叠式之后，构成"XX子"，例如"香香子｜红红子｜淡淡子"，"XX子"比"XX个"使用频率略高些。标记"哩$_4$"一般粘附在三音节以上的重叠式之后。

1　状态词标记"个$_4$""哩$_4$"

状态词标记"个$_4$"分布广泛，除了冷家方言点，盘龙、石板滩等方言点都有分布，"哩$_4$"仅分布于石板滩、铁佛和冷家客家方言。"个$_4$"和"哩$_4$"功能相同，下面以"哩$_4$"为例：

石板滩：（1）<u>土死板板个/哩</u>，怪唔好挖。这地板结，很不好挖。

　　　　（2）电压唔稳，灯泡<u>闪啊闪啊个/哩</u>。电压不稳，灯泡一闪一闪的。

　　　　（3）梁岗哩树子好大<u>一条一条个/哩</u>。山坡上的树很大一棵一棵的。

铁　佛：（1）<u>土死板板个/哩</u>，怪唔好挖。

　　　　（2）电压唔稳，灯泡<u>闪啊闪啊个/哩</u>。

　　　　（3）坡上个树子好大<u>一条一条个/哩</u>。

冷　家：（1）<u>土死板板哩</u>，怪唔好挖。

　　　　（2）电压唔稳，灯泡<u>闪啊闪啊哩</u>。

　　　　（3）山林哩树子好大<u>一条一条哩</u>。

石板滩和铁佛的"哩$_4$"可用标记"个$_4$"替换，但不能用"子$_2$"替换。由于冷家客家方言没有助词"个"只有"哩"，因此凡其它客家方言点状态词标记"个$_4$"或"子$_2$"使用的地方，冷家都用"哩"。

2 状态词标记"子₂"

状态词标记"子₂"使用范围有限，一般粘附在双音节重叠式之后构成"XX 子"，盘龙、石板滩等 6 个点的客家方言都有此用法。"XX 子"的"子"可用"个"或"哩"替换而表义无别，以盘龙和冷家客家方言为例：

盘　龙：(4) a 底个衫颜色<u>乌乌子</u>，唔好看。

　　　　　　b 底个衫颜色<u>乌乌个</u>，唔好看。

　　　　(5) a 铺盖<u>厚厚子</u>，盖倒咁门热。

　　　　　　b 铺盖<u>厚厚个</u>，盖倒咁门热。

　　　　(6) a 底个苹果<u>甜甜子</u>，好食。

　　　　　　b 底个苹果<u>甜甜个</u>，好食。

　　　　(7) a 佢个倸子<u>高高子</u>。

　　　　　　b 佢个倸子<u>高高个</u>。

冷　家：(4) a 底个衫衣颜色<u>乌乌子</u>，唔好看。

　　　　　　b 底个衫衣颜色<u>乌乌哩</u>，唔好看。

　　　　(5) a 铺盖<u>重重子</u>，盖倒咁热。

　　　　　　b 铺盖<u>重重哩</u>，盖倒咁热。

　　　　(6) a 底个苹果<u>甜甜子</u>，好食。

　　　　　　b 底个苹果<u>甜甜哩</u>，好食。

　　　　(7) a 佢哩倸子<u>高高子</u>。

　　　　　　b 佢哩倸子<u>高高哩</u>。

上述 a 句和 b 句的状态词标记不同，但二者表义无别，可以自由替换。"XX 子"是否有喜爱色彩决定于该形容词是积极的还是消极的，如例（4）、（5）形容词表示的性质是说话人不喜欢的，例（6）、（7）形容词表示的性质是说话人喜爱的。因此，"XX 子"是否有喜爱色彩，不是由"子"决定，而是由性质形容词本身决定。

从语法功能看，"XX 子"可作谓语、定语和补语。

作谓语用法见例句（4）－（7）。

作定语：

如果"XX子"作定语，后面再没有其它定语成分，则必须加定语标记"个"或"哩"。例如：

盘　龙：(8) 乌乌子个人，生得唔好看。_{黑黑的人，长得不好看。}

(9) 白白子个衫，一下就着烦唠。_{白白的衣服，一下就穿脏了。}

(10) 臭臭子个鸡蛋，丢欸佢。_{臭臭的鸡蛋，丢了它。}

石板滩：(8) 乌乌子个人，生得唔好看。

(9) 白白子个衫，一下就着烦了。

(10) 臭臭子个鸡蛋，丢欸佢。

铁　佛：(8) 乌乌子个人，长得唔好看。

(9) 白白子个衫，下下子就着□□［nai⁴⁵tai⁴⁵］哩。

(10) 臭臭子个鸡蛋，丢欸佢。

响　石：(8) 乌乌子个人，生得唔好看。

(9) 白白子个衫，一下就着烦唠。

(10) 臭臭子个鸡蛋，丢欸唠。

冷　家：(8) 乌乌子哩人，长得唔好看。

(9) 白白子哩衫衣，一下就着龌龊哩。

(10) 臭臭子哩鸡蛋，甩撇佢。

乐　兴：(8) 乌乌子个人，长得唔好看。

(9) 白白子个衫，一下就着龌龊嘞。

(10) 臭臭子个鸡蛋，□［ər⁵³］撇佢。

当"XX子"作定语，后面还有其它形式的定语时，那么"个"可有可无。如分别在例(9)(10)的中心语"衫""鸡蛋"前再加定语"一件""一箱"，则有这样说法：<u>白白子（个）一件衫</u> | <u>臭臭子（个）一箱鸡蛋</u>。

作补语，如：

盘　龙：(11) 手脚生得长长子。_{手脚生得长长的。}

(12) 大家都企得远远子。_{大家都站得远远的。}

石板滩：(11) 手脚生得长长子。

(12) 大家都企得远远子。

铁　佛：(11) 脚手生得长长子。

　　　　　　（12）大自家都企得<u>远远子</u>。

　乐　兴：（11）手脚长得<u>长长子</u>。

　　　　　　（12）大齐家都企得<u>远远子</u>。

　　冷家客家方言出现不平衡的发展状态，当重叠式"XX子"作补语时，只能用"哩"作状态形容词标记，不能用"子"。如不能说"大自家都企得<u>远远子</u>"，而说成"大自家都企得<u>远远哩</u>"。

第五节　补语标记"哩₅""得""倒""得来"

　　补语标记一般粘附在动词或形容词之后，引进程度补语或状态补语。四川官话的补语标记有"哩""得""得来"，"哩"使用范围最广泛。四川客家方言补语标记有"得""倒""得/倒来"，各方言点一致性较高。石板滩客家方言没有标记"得来"，发音人明确告诉笔者，"得来""得"是湖广人说的，广东人不说，但发音人在自然会话里，也有"得"出现。

　　补语标记"倒"和"得"在各方言点可互换，但二者使用频率存在差异。如石板滩、响石"倒"比"得"使用率高，而盘龙、铁佛、冷家则是"得"比"倒"使用率高。例如：

　盘　龙：（1）佢歪<u>倒</u>［tau⁵¹］/<u>得</u>［teʔ⁵¹］唔得了。<small>他凶得不得了。</small>

　　　　　（2）头拉痛<u>倒</u>/<u>得</u>睡唔落觉。<small>脑袋痛得睡不着觉。</small>

　　　　　（3）解只人坏<u>倒</u>/<u>得</u>唔得了。<small>那个人坏得不得了。</small>

　　　　　（4）地来扫<u>倒</u>/<u>得</u>净。<small>地扫得干净。</small>

　石板滩：（1）佢歪<u>倒</u>［tau³¹］/<u>得</u>［tɛʔ³］唔得了。

　　　　　（2）头拉痛<u>倒</u>/<u>得</u>睡唔落觉。

　　　　　（3）解只人坏<u>倒</u>/<u>得</u>唔得了。

　　　　　（4）地来扫<u>倒</u>/<u>得</u>净。

　铁　佛：（1）佢歪<u>倒</u>［tau⁵³］/<u>得</u>［tɛʔ³］唔得了。

　　　　　（2）头拉痛<u>倒</u>/<u>得</u>睡唔着目。

　　　　　（3）解只人坏<u>倒</u>/<u>得</u>唔得了。

　　　　　（4）地来扫<u>倒</u>/<u>得</u>净。

响　石：（1）佢□［tsʰuai⁵¹］倒［to⁵¹］/得［te³¹］唔得了。

　　　　（2）头拉痛倒/得睡唔着。

　　　　（3）解只人坏倒/得唔得了。

　　　　（4）地来扫倒/得光净。

冷　家：（1）佢歪倒［tau⁴¹］/得［tɛ²¹］唔得了。

　　　　（2）头拉痛到/得睡唔着。

　　　　（3）解个人坏到/得唔得了。

　　　　（4）泥下扫到/得光净。

乐　兴：（1）佢歪倒［tau⁵³］/得［tɛʔ⁵］唔得了。

　　　　（2）脑壳痛倒/得睡唔落觉。

　　　　（3）解个人坏倒/得唔得了。

　　　　（4）泥下扫倒/得干净。

当补语是比较复杂的谓词性结构，尤其是主谓短语时，常用标记"得来"，"得来"和后面的补语之间可以有语气上的停顿，响石客家方言没有标记"得来"。例如：

盘　龙：（5）累得来［tɛʔ⁵¹lai²¹⁴］腰杆都伸唔上。累得腰都伸不起。

　　　　（6）写得来手都麻欬唠。写得手都麻了。

　　　　（7）佢笑得来嘴巴都并唔拢唠。他笑得嘴巴都合不上了。

　　　　（8）佢食得来脸都红欬唠。他喝得脸都红了。

铁　佛：（5）累得来［tɛʔ³nai³¹］/倒来［tau⁵³nai³¹］腰杆都伸唔起。

　　　　（6）写得来/倒来手都麻欬哩。

　　　　（7）佢笑得来/倒来嘴巴都合唔拢哩。

　　　　（8）佢喝得来/倒来面巴都红欬哩。

冷　家：（5）累得来［tɛ²¹nai²¹］腰杆都伸唔起。

　　　　（6）写得来手都麻哩。

　　　　（7）佢笑得来嘴巴都咬唔拢哩。

　　　　（8）佢食得来面巴都红撇哩。

乐　兴：（5）累得来［tɛʔ⁵loi²¹］腰杆都伸唔倒。

　　　　（6）写得来手都写麻撇嘞。

（7）佢笑<u>得来</u>嘴巴都合唔拢嘞。

（8）佢啜<u>得来</u>面巴都红撇嘞。

　　以上例句中的补语标记"得来"也可用标记"得"和"倒"互换而语义不变。铁佛客家方言还有助词"倒来"，表义和"得来"相同，见铁佛例句（5）－（8）。石板滩客家方言没有助词"得来"。

　　下面把四川及部分广东客家话各类标记的分布情况列表如下：

方言点	定语标记	转指标记	状语标记	状态词标记	补语标记
成都话	哩〔ni⁴⁵〕	哩	哩	哩	哩 得 得来
盘龙	个₁〔ke⁵¹〕	个₂	个₃ 子₁ 〔tsɿ³¹〕	个₄ 子₂	倒〔tau⁵¹〕 得〔teʔ⁵¹〕 得来〔teʔ⁵¹loi³¹〕
石板滩	个₁〔kɛ⁵³/³¹〕 哩₁〔ni⁵³/³¹〕	个₂ 哩₂	个₃ 哩₃ 子₁〔tsɿ³¹〕	个₄ 哩₄ 子₂	倒〔tau³¹〕 得〔tɛʔ³〕
铁佛	个₁〔kɛ⁴⁵〕 哩₁〔ni³¹〕	个₂ 哩₂	个₃ 哩₃ 子₁〔tsɿ³¹〕	个₄ 哩₄子₂	倒〔tau⁵³〕 得〔tɛʔ³〕 得来〔tɛʔ³nai³¹〕 倒来〔tau⁵³nai³¹〕
响石	个₁〔ke⁵¹〕	个₂	个₃ 子₁〔tsɿ³¹〕	个₄ 子₂	倒〔tau⁵¹〕 得〔te³¹〕
冷家	哩₁〔ni²¹〕	哩₂	哩₃ 子₁〔tsɿ³¹〕	哩₄、 子₂	倒〔tau⁴¹〕 得〔tɛ²¹〕 得来〔tɛ²¹nai²¹〕
乐兴	个₁〔kɛ³³〕	个₂	个₃ 子₁〔tsʔ⁵³〕	个₄ 子₂	倒〔tau⁵³〕 得〔tɛ²⁵〕 得来〔tɛ²⁵loi²¹〕
梅县 （林立芳1999）	个〔kɛ⁵²〕/ 〔ɛ⁵²〕	个	欸〔ɛ²²〕	个 欸	得〔tɛt¹〕 倒〔tau³¹〕 去〔hi⁵²〕 阿〔a⁵²〕
平远 （严修鸿2001）	个〔ke⁵⁵/³³〕	个	个	尔 子	得、去、成、 倒、下、唻 （注：本字是"来"）
丰顺 （黄婷婷2009）	个〔kai⁵²〕/ 〔ai⁵²〕/ 〔ei⁵²〕/〔e⁵²〕	侤〔sa²⁴〕	子〔tsɿ⁵²〕	个 子 样〔ʒoŋ²¹〕	到〔to⁵²〕 去〔kʰə⁵²〕 得〔tet²〕

上表把四川6个客家方言点的结构助词和广东梅县、平远、丰顺客家话作了比较，四川客家方言标记词"个""子""倒""得"应该是客家话原有的结构助词，目前使用仍很普遍。值得注意的是，与其它客家方言相比，四川客家方言在结构助词方面呈现出如下特点：

（1）客家方言原有标记和借入的新标记共存。四川官话的结构助词"哩"已经进入部分四川客家方言点中，如石板滩、铁佛和冷家方言点，表义相同的标记"个"和"哩"并存于石板滩和铁佛客家话。石板滩年轻一代偏向于使用"哩"，铁佛的"个"和"哩"使用率差不多。

（2）借入的新标记已经取代了原有标记，如冷家客家方言助词"个"已经被"哩"所取代。

（3）原有梅县等客家话的补语标记"去"，在四川客家方言里没有存留。

第七章 动词的体貌

本章主要讨论四川客家方言动词的体貌。关于汉语的"体貌"问题，学界已有广泛、深入的研究。在称名上，吕叔湘（1956：230）把"体"称"动相"，有的学者称作"态"或"貌"。李如龙（1996：2－3）把"表示动作、事件在一定时间进程中的状态"的称为"体"，"和动作、事件的时间进程没有关系或关系较少"的称为"貌"，这种看法是符合汉语实际的。因此，下文把动词和与动作行为、状态有关的事件都作为考察的对象，观察四川客家方言"体""貌"的各种表达形式。在此基础上，和闽粤赣客家话作比较，探讨四川客家方言体貌表达形式的发展演变特点。

第一节 实现体

普通话的"了"从句法位置上看，可分为"了₁"和"了₂"。"了₁"表示的语法意义有"完成"和"实现"两种看法，如赵元任（1979/2005：356）认为"了₁"是表示完成态的后缀，施其生（1996）认为"了₁"表动作或变化的实现。"了₂"一般认为表示新情况的出现。本节采用施其生先生的说法，把"了₁""了₂"表示的语义意义统称为实现体，不严格区分完成和实现义。

1 "欻""撇""哩""嘞""唠""了""啰"

1.1 句中体助词"欻""撇""哩""嘞"

"了₁"黏附在动词、形容词或动结式之后表示动作或变化的实现。四川客家方言相当于普通话"了₁"的助词有"欻""撇""哩""嘞"，"欻"在各方言点的语音形式稍有差别，下面将随文标注。

盘　龙：（1）今日将冷，着欸［he⁴⁵］三件衫。今天很冷，穿了三件衣服。

　　　　（2）𠊎做欸底个，又做解个。我做了这个，又做那个。

　　　　（3）𠊎挖欸三行唠。我挖了三行了。

　　　　（4）佢衻欸两打两趟路唠。他跑了两趟路了。

石板滩：（1）今晡日好冷，着欸［he⁴⁵/ɛ⁴⁵］/哩［ni³¹］三件衫。

　　　　（2）𠊎做欸底个，又做解个。

　　　　（3）𠊎挖欸三行了。

　　　　（4）佢衻欸两打两趟路了。

铁　佛：（1）今晡日很冷，着欸［he⁵³］/哩［ni³¹］三件衫。

　　　　（2）𠊎做欸/哩底个，又做解个。

　　　　（3）𠊎挖欸/哩三行哩。

　　　　（4）佢衻欸/哩两打两趟路哩。

响　石：（1）今日好冷，着欸［he⁴⁵/ɛ⁴⁵］/哩［ni³¹］三件衫。

　　　　（2）𠊎做欸/哩解个，又做解个。

　　　　（3）𠊎挖欸/哩三行啰。

　　　　（4）佢衻欸/哩两打两趟路啰。

冷　家：（1）今日好冷，着撇［pʰɛ²¹］/哩［ni²¹］三件衫衣。

　　　　（2）𠊎做哩/撇底个，又做解个。

　　　　（3）𠊎挖哩/撇三行哩。

　　　　（4）佢跳哩/撇两打两趟路哩。

乐　兴：（1）今日寡冷，着撇［pɛ³³］/嘞［lɛ¹¹］三件衫。

　　　　（2）𠊎做撇底样，又做解样。

　　　　（3）𠊎撇三行嘞。

　　　　（4）佢跑撇两打两趟路嘞。

在四川官话的影响下，四川客家方言相当于普通话完成体助词"了₁"在石板滩、铁佛和冷家都有两种语法形式共存，这两种形式可以互相替换，但各方言点在使用频率上有差异。铁佛、响石和冷家方言点，"哩"分别比"欸"和"撇"使用率高。

从分布范围看，"欸""撇"只能用于句中，附着在动词、形容词或动结式之后宾语之前，"哩"在各方言点均可附着在动词、形容词或动结式之后，表动作或变化本身的实现，"哩"也可位于句末，粘附在谓语或整个句子上，但限于部分方言点。如铁佛和冷家的例（3）（4）"哩"既可用于句中，也可用于句末。石板滩的"了"一般只能位于句末。当有表示"掉"或"完"的语义时，只能用"欻"或"撇"，不能用"哩"。如：

铁　佛：(5) 剥<u>欻</u>皮子就可以食。剥掉皮就可以吃。

冷　家：(5) 剥<u>撇</u>皮就可以食。

例（5）中的"欻""撇"含有"掉"的意思，这时一般不用"哩"表达。"哩"比"欻""撇"在语义上更为虚化。

林立芳（1996：36 – 37）指出，梅县客家话"V + 欻"可处于句末，当位于句末时，"欻"表示动作的完成又表陈述语气，其作用相当于普通话的"了$_1$ + 了$_2$"。例如：信都写欻（信都写好了）。但四川客家方言相当于普通话"了$_1$"的助词"欻""撇"等黏附在谓词性成分之后时，后面要有宾语或补语成分。单纯"V + 欻"独立性很弱，其独立成句的条件是须用于紧缩句中，这种紧缩句中"V + 欻"是黏附着的，后面必须有后续小句。句法上"欻"等所处的句式是"V$_1$ + 欻 + V$_2$"，后一分句前常出现"就、再"等表承接的副词或连词。从事件类型看，"V$_1$ + 欻"表示连续事件的前一事件，即背景事件。"欻"的作用在于表示这个动作完成后出现另一动作或出现某一状态，也可以表示后一情况的假设条件。例如：

盘　龙：(6) 你走<u>欻</u>就唔爱转来。你走了就不要回来。

(7) 食<u>欻</u>几回就唔想食唠。吃了几次就不想吃了。

石板滩：(6) 你走<u>欻</u>就唔爱转来。

(7) 食<u>欻</u>几回就唔想食了。

铁　佛：(6) 你走<u>欻</u>就唔爱归来。

(7) 食<u>欻</u>几回就唔想食哩。

响　石：(6) 你走<u>欻</u>就唔爱转来。

(7) 食<u>欻</u>几次就唔想食唠。

冷　家：(6) 你走<u>撇</u>就莫归来。

(7) 食<u>撇</u>几道就唔想食哩。

乐　兴：(6) 你走<u>撇</u>就莫归落嘞。

（7）食撒几回就唔想食嘞。

1.2 句末体助词"唠""了""哩""啰""嘞"

普通话"了₂"表示的语法意义，四川客家方言有体助词"唠""了"
"哩""啰""嘞"。例如：

盘　龙：（8）桃子爱红唠［lau³¹］。桃子要红了。

　　　　（9）你十打十岁唠，还唔懂事。你都十岁了，还不懂事。

石板滩：（8）桃子爱红了［niau³¹］。

　　　　（9）你十打十岁了，还唔懂事。

铁　佛：（8）桃子爱红哩［ni³¹］。

　　　　（9）你十打十岁哩，还唔懂事。

响　石：（8）桃子爱红唠［nau³¹］／啰［no³³］。

　　　　（9）你十打十岁唠/啰，还唔懂事。

冷　家：（8）桃子爱红哩［ni²¹］。

　　　　（9）你十打十岁哩，还唔懂事。

乐　兴：（8）桃子爱红嘞［lɛ¹¹］。

　　　　（9）你十打十岁嘞，还唔懂事。

四川客家方言"了₁"类助词可以和"了₂"类助词连用，位于句末。"V
＋欸了"的句式义既表示动作行为完成，又表事态有了变化或出现新情况，
相当于普通话的"了₁＋了₂"，"欸"类"和"了"类语法形式分别担负起这
两种语法功能。例如：

盘　龙：（10）佢个细妹子早就嫁欸唠。他的妹妹早就出嫁了。

　　　　（11）佢早就做好欸唠。他早就做好了。

石板滩：（10）佢个老妹早就嫁欸了。

　　　　（11）佢早就做好欸了。

铁　佛：（10）佢个妹儿早就嫁欸哩。

　　　　（11）佢早就做好欸哩。

响　石：（10）佢个老妹早就嫁欸啰。

　　　　（11）佢早就做归欸啰。

  冷 家：（10）佢哩妹子早就嫁<u>撇哩</u>。

      （11）佢早就做好<u>撇哩</u>。

  乐 兴：（10）佢个老妹早就嫁<u>撇嘞</u>。

      （11）佢早就做好<u>撇嘞</u>。

  我们把上述实现体助词在各方言点的分布列表如下：

	句中"了₁"	句末"了₂"
盘龙	欻 [he⁴⁵]	唠 [lau³¹]
石板滩	欻 [hɛ⁴⁵/ɛ⁴⁵]、哩 [ni³¹]	了 [niau³¹]
铁佛	欻 [hɛ⁵³]、哩 [ni³¹]	哩 [ni³¹]
响石	欻 [hɛ⁴⁵/ɛ⁴⁵]、哩 [ni³¹]	唠 [nau³¹]、啰 [no³³]
冷家	撇 [pʰɛ²¹]、哩 [ni²¹]	哩 [ni²¹]
乐兴	撇 [pɛ³³]、嘞 [lɛ¹¹]	嘞 [lɛ¹¹]

  从与"了₁-了₂"相对应的语法位置看，实现体助词既有总合型，也有分立型。史有为（2003）指出，"总合"是指一种形式可以表达多种功能和意义，"分立"是指不同功能和意义分别用不同形式去表达。四川客家话表实现义的语法形式总体上是分立型，但出现了总合型的趋势。

  分立型见盘龙和成都一带客家方言。盘龙客家方言句中位置只出现助词"欻"，句末位置出现"唠"，构成"欻-唠（了₁-了₂）"分立型表达式，如"食<u>欻</u>饭<u>唠</u>（吃了饭了）""洗<u>欻</u>面<u>唠</u>（洗了脸了）"。普通话句末"了₁+了₂"表达的意义，盘龙客家方言既可连用助词"欻"和"唠"，也可单用"唠"来表达，如"钱着偷完<u>欻唠</u>/<u>唠</u>（钱被偷完了）"，不过目前"欻唠"连用现象还比较多见。成都一带客家话，如石板滩表实现义是"欻/哩-了（了₁-了₂）"分立型，和盘龙客家话相同，只有在句末谓词前，"欻/哩"和"了"既可连用，也可单用"了"来担负起普通话句末"了₁+了₂"表达的意义。可见，四川客家话分立型表达式不是绝对的。

  有的方言点既有总合型，也有分立型，不过，各方言点总合型和分立型所占比重不同。乐兴目前是分立型占据优势地位，如：佢走<u>撇</u>/<u>嘞</u>一个多月<u>嘞</u>（他走了一个多月了），铁佛、冷家等是总合型占据优势，如冷家客家方言：佢洗<u>撇</u>/<u>哩</u>面<u>哩</u>（他洗了脸了）。"了₁"位置可采用不同表达手段"撇"和"嘞""撇"和"哩"，二者自由替换而表义无别。但乐兴客家话"了₁"位置大多采用"撇"而少用"嘞",冷家客家方言大多采用"哩"而很少用"撇",总合型"哩－哩（了₁－了₂）"已占据优势。

2 "倒""得"

"倒"和"得"黏附在动词后,有"完成义"。但有一定条件限制,表完成义的"倒"或"得"主要用于两件事情不能同时兼顾的情况,"倒"分布在盘龙、石板滩、铁佛、响石和乐兴客家方言,冷家用"得",和官话一致。例如:

> 盘　龙:(12)喂倒［tau³¹］猪来,饭又烧糊歁唠。喂了猪来,饭又蒸糊了。
>
> 　　　　(13)喊倒底只来,解只又焱歁唠。叫了这个来,那个又跑了。
>
> 石板滩:(12)喂倒［tau³¹］猪来,饭又煮糊歁(了)。
>
> 　　　　(13)喊倒样来,解只又焱歁了。
>
> 铁　佛:(12)喂倒［tau⁵³］猪来,饭又烧糊哩。
>
> 　　　　(13)喊倒底只来,解只又焱歁哩。
>
> 响　石:(12)喂倒［to³¹］猪来,饭烧糊啰。
>
> 　　　　(13)喊倒解只归来啰,解只又焱歁哩。
>
> 冷　家:(12)喂得［tɛ²¹］猪来,饭又烧糊撇哩。
>
> 　　　　(13)喊得底个来,解个又跳撇哩。
>
> 乐　兴:(12)□［tɕioŋ²¹］倒［tau⁵³］猪来,饭又烧糊撇嘞。
>
> 　　　　(13)喊倒底个来,解个又跑撇嘞。

表完成义的"倒"或"得"可用完成体助词"歁"或"哩"等自由替换,以盘龙、铁佛为例:

> 盘　龙:(14)a:等你放歁牛来,日头落坡唠。
>
> 　　　　　　 b:等你放倒牛来,日头落坡唠。
>
> 铁　佛:(14)a:等你放哩牛来,日头落坡哩。
>
> 　　　　　　 b:等你放倒牛来,日头落坡哩。

例(14)a和b句表义完全相同。

第二节　经历体

四川客家方言表曾经经历过某事用助词"过"或"来"。

1　"过"

盘　龙：(1) 偓旧年子去过［ko⁵¹］重庆。<small>我去年去过重庆。</small>

　　　　(2) 佢细个时候卖过菜。<small>他小时候卖过菜。</small>

石板滩：(1) 偓旧年子去过［ko⁵³］重庆。

　　　　(2) 佢细当时卖过菜。

铁　佛：(1) 偓旧年子去过［ko⁴⁵］重庆。

　　　　(2) 佢细个时候卖过菜。

响　石：(1) 偓旧年子去过［ko⁵¹］重庆。

　　　　(2) 佢细当时卖过菜。

冷　家：(1) 偓旧年子去过［ko²⁵］重庆。

　　　　(2) 佢细哩时候卖过菜。

乐　兴：(1) 偓旧年子去过［ko¹³］重庆。

　　　　(2) 佢细个时候卖过菜。

"VP＋过"的疑问式是"VP＋过＋唔曾/么"或"V＋唔曾＋V＋过＋O"式来表达。例如：

盘　龙：(3) 去过重庆唔曾？<small>去过重庆没得？</small>

　　　　(4) 去唔曾去过重庆？<small>去没去过重庆？</small>

石板滩：(3) 去过重庆唔曾？

　　　　(4) 去唔曾去过重庆？

铁　佛：(3) 去过重庆唔曾/么？

　　　　(4) 去唔曾去过重庆？

响　石：(3) 去过重庆唔曾？

　　　　(4) 去唔曾去过重庆？

冷　家：(3) 去过重庆么？

    （4）去唔曾去过重庆？

  乐　兴：（3）去过重庆么？

    （4）去唔曾去过重庆？

  成都话里还有一种"VO 过"格式，即有些宾语可以插入动词和助词"过"之间。如："我从来没有<u>打他过</u>""他没有<u>读书过</u>"，经调查，盘龙、石板滩等6个客家方言点均没有"VO 过"格式。

2　"来"

  成都话可用助词"来"表示曾经发生过某事。例如：昨晚上下了雨来，地上焦湿（昨晚上下过雨，地上很湿）。但四川客家方言中，只有石板滩客家方言有助词"来"表示曾经发生过某事。例如：

  石板滩：（5）佢讲奈个<u>来</u>［nai¹³］？他说过什么？

    （6）佢做过生意<u>来</u>。他做过生意。

    （7）佢开过大货车<u>来</u>。他开过大货车。

  有时助词"来"用在问句和答句的末尾，表示近过去义，这时"来"表示的语义和用法大致相当于北京话的"来着"。这种用法只分布在乐兴客家话里。如：

  （8）a：你昼边食脉个来？你中午吃什么来着？

    b：偓食面条来。我吃面条来着。

  （9）a：你将才讲脉个来？你刚才说什么来着？

    b：偓讲明日打谷子来。我说明天收割水稻来着。

  梅县、连城和永定客家话表示动作行为曾经发生只有助词"过"，四川盘龙、冷家和铁佛客家话也只有助词"过"表示经历义。石板滩和乐兴客家方言助词"来"表示经历或近过去义，应该是受毗邻带官话影响所致，但和官话比较，助词"来"在这两个客家方言点使用不太普遍。

第三节　持续体

  本节所讨论的持续体是广义的，包括动作行为本身的持续和动作行为所形成的状态的持续，前者通常称为动态持续，也有人称为动作进行，后者称为静态持续，也有人称为状态持续。四川客家方言表示动作进行和状态持续主要采用副词和后附助词的语法手段。

1　表动作进行的时间副词

1.1　"正正""正""正得""正在""在"

四川客家方言表动作进行的时间副词因方言点不同而有所差异。例如：

盘　龙：（1）解只鸡<u>正正</u>［tsən⁵¹tsən⁵¹］看鱼子。那只鸡正在看鱼。

　　　　（2）阿公<u>正</u>睡觉子。爷爷正在睡觉。

　　　　（3）<u>正正</u>食饭。正在吃饭。

石板滩：（1）解只鸡<u>正正</u>［tsən⁵³tsən⁵³］看鱼子。

　　　　（2）阿公<u>正</u>睡目。

　　　　（3）佢<u>正得</u>［tsən⁵³tɛʔ³¹］食饭。

响　石：（1）解只鸡<u>正正</u>［tsən⁵³tsən⁵³］看鱼子。

　　　　（2）阿公<u>正正</u>睡目睡。

　　　　（3）佢<u>正正</u>食饭。

石板滩客家话常用的时间副词有"正正""正得""正"，相互之间可互相替换，但"正正"使用率稍高。

铁佛、冷家和乐兴客家方言表动作进行的时间副词相同，采用的是"正在"或"在""正"，没有盘龙和石板滩客家话的副词"正正"。例如：

铁　佛：（1）解只鸡娃儿<u>正</u>看鱼子。

　　　　（2）阿公<u>正在</u>［tsaŋ⁴⁵tsai⁴⁵］睡目。

　　　　（3）佢<u>在</u>食饭。

冷　家：（1）解个鸡<u>正</u>看鱼。

　　　　（2）阿公<u>正在</u>［tsən²⁵tsai²⁵］睡晏睡。

　　　　（3）佢<u>在</u>食饭。

乐　兴：（1）解只鸡<u>正</u>看鱼。

　　　　（2）阿大<u>正在</u>［tsən¹³tsʰoi¹³］睡觉。

　　　　（3）佢<u>在</u>食饭。

成都话常用时间副词是"正在""正得"或"正""在",没有"正正"。从以上例句看,铁佛、冷家和乐兴客家话所用时间副词已经和官话一致了。盘龙和石板滩客家话虽受到官话影响,如石板滩的副词"正得",但通常使用仍然是客家方言固有副词"正正"。

1.2 "紧""紧倒""紧得"

"紧 + V"表示动作行为持续进行。"紧"可以用"紧倒"或"紧得"替换,这是一组同义副词,表示已经发生的动作行为持续时间久,和普通话的"老""老是"或"一直"义相当。例如:

盘 龙:(4)紧/紧倒讲都讲得。老是讲都特别能讲。

(5)紧/紧倒寻都寻唔倒。一直找都找不到。

(6)紧/紧倒嫽都嫽得。老是玩都特别能玩。

石板滩:(4)紧讲都讲得。

(5)紧寻都寻唔倒。

(6)紧嫽都嫽得。

铁 佛:(4)紧/紧倒/紧得讲都讲得。

(5)紧/紧倒/紧得找都找唔倒。

(6)紧/紧倒/紧得嫽都嫽得。

响 石:(4)紧/紧倒讲都讲得。

(5)紧/紧倒找都找唔倒。

(6)紧/紧倒嫽都嫽得。

冷 家:(4)紧/紧倒话都话得。

(5)紧/紧倒找都找唔倒。

(6)紧/紧倒嫽都嫽得。

乐 兴:(4)紧/紧倒讲都讲得。

(5)紧/紧倒找都找唔倒。

(6)紧/紧倒嫽都嫽得。

为了强调动作的反复或持续,铁佛客家方言"紧 V"可重叠为"紧 V 紧 V",如例(5)(6)可表达为"紧找紧找都找唔倒""紧嫽紧嫽都嫽得"。

2　V + 啊 + 得/倒

成都泰兴客家话（兰玉英 2007：261）有"V + 啊 + 等"表示动作行为或状态的持续。例如：

> 眼睛横啊等，好像爱食人。眼睛横着，好像要吃人。
>
> 徛啊等，懒□□［sa¹³］［sa¹³］哩。站在那里，懒洋洋的。

实地调查的 6 个四川客家方言点里，只有石板滩和铁佛有此语法格式。例如：

> 石板滩：（7）企倒啊得，做奈个？站在那里，干什么？
>
> （8）眼珠横啊得，好像爱食人。眼睛横着，好像要吃人。
>
> 铁　佛：（8）眼珠鼓啊倒，好像爱食人。

"V + 啊 + 得/倒"使用率低，最常用的是助词"倒"黏附在动词后表持续态。如例句"眼睛横啊得"可以替换为"眼珠横倒"，"眼珠鼓啊倒"可换成"眼睛鼓倒"。泰兴客家话用"V + 啊 + 等"，而石板滩客家话用"V + 啊 + 得"，铁佛客家话用"V + 啊 + 倒"，这和同一方言点持续体助词"等""得"或"倒"的语法形式一致。如石板滩客家话持续体助词是"得"，铁佛客家话持续体助词是"倒"。

3　动态助词"等""得""倒""起""倒起"

四川客家方言持续体助词复杂多样，盘龙保留客家话特色较多，其它方言点则和毗邻带官话持续体助词趋同，下文逐一讨论。

3.1　V/A + 助（+ O）

"V/A + 助（+ O）"结构均表示有某种状态性的结果形成并且持续着。盘龙、响石客家方言表状态持续的动态助词是"等"和"倒"，无助词"倒起"和"起"。石板滩客家方言也无"倒起"和"起"，用助词"倒"和"得"表示，二者可自由替换。铁佛、冷家和乐兴客家话一致性比较强，都可用助词"倒""倒起""起"来表达，三者可以自由替换，但"V"后带宾语时，不能用"倒起"，例如"黑板上写倒/起字个"，助词"倒起"不能进入此句式。

盘龙、响石客家方言表持续体的助词是"等"和"倒"，二者可自由替换，但"倒"的使用频率远高于"等"，没有官话助词"起"表状态持续。例如：

　　盘　龙：(9) 镬头煮等［tən³¹］/倒［tau³¹］饭个，偃爱归去唠。锅里煮着饭，我要回去了。

　　　　　　(10) 外背还落等/倒水个，唔爱出去。外面还在下雨，不要出去。

　　　　　　(11) 反正佢走得慢，喊佢先行走等/倒。反正他走得慢，叫他先走着。

　　　　　　(12) 你帮偃看等/倒摊摊你帮我看着摊儿。

　　响　石：(9) 镬头煮等［tən³¹］/倒［to³¹］饭个，偃爱归去啰。

　　　　　　(10) 外背还落等/倒水个，唔爱出去。

　　　　　　(11) 反正佢走得慢，等佢先走等/倒。

　　　　　　(12) 你帮偃看等/倒摊子。

石板滩客家话没有动态助词"等"，也没有毗邻带官话的"倒起"和"起"，而是用"得［tɛʔ³］"和"倒［tau³¹］"来表示动作行为的持续义。例如：

　　石板滩：(9) 镬头煮得/倒饭个，偃爱转去了。

　　　　　　(10) 外背还落得/倒水个，唔爱出去。

　　　　　　(11) 反正佢走得慢，等佢先行走得/倒。

　　　　　　(12) 你帮偃看得/倒摊摊。

　　　　　　(13) 你们去田地背割得/倒，偃等下子就来。你们先去田里割着，我等会儿就来。

铁佛客家话和毗邻带官话相近，都用助词"倒［tau⁵³］""倒起［tau⁵³ ɕi⁵³］"或"起［ɕi⁵³］"来表示持续义，有时可用动态助词"得［tɛʔ³］"，和石板滩"得"的意义功能相同。例如：

　　铁　佛：(9) 镬头煮倒/得/起饭个，偃爱归去哩。

（10）外背还落倒/起水个，唔爱出去。

（11）反正佢走得慢，让佢先行走倒/倒起。

（12）你帮偓看倒/倒起摊摊。

（13）你等去田地背割倒/倒起/得，偓等下子就来。

（14）拿倒/起/倒起一下，偓调一只手。拿着一下，我换只手。

（15）帮倒打下牌，偓去解手。帮我打会儿牌，我去上厕所。

冷家和乐兴客家方言比较一致，有动态助词"倒""起""倒起"，没有"等"和"得"，和毗邻带官话完全一致。例如：

冷　家：（9）镬头煮起［tɕʰi⁴¹］/倒［tau⁴¹］/倒起［tau⁴¹ tɕʰi⁴¹］饭个，偓爱归去哩。

（10）外背还落起/倒水哩，唔爱出去。

（11）反正佢走得慢，让佢先行走倒/倒起。

（12）你帮偓看倒/倒起摊摊。

（13）你等去田地背割倒/倒起，偓等下子就来。

（14）拿倒/倒起/起一下，偓调一只手。

乐　兴：（9）镬头煮倒［təu⁵³］/倒起［təu⁵³ tɕʰi⁵³］/起［tɕʰi⁵³］饭个，偓爱归去嘞。

（10）外背还落倒/倒起/起水个，唔爱出去。

（11）反正佢走得慢，等佢前头走倒/倒起。

（12）你帮偓看倒/倒起摊摊。

（13）你等（先）去田里割倒/倒起，偓等下子就来。

（14）拿倒/倒起/起一下，偓调一只手。

铁佛、冷家和乐兴客家方言的动态助词和官话比较一致，"倒"和"起"在用法上有区别，如例句（12）"帮偓看倒摊摊"和例句（15）"帮倒打下牌"，句中"倒"或"倒起"表示动态持续义，不能替换为"起"。例（14）动词"拿"后既可以跟助词"倒"表示动态持续义，也可以跟助词"起"表静态持续义。张清源（1991）把成都话"倒""起"的分布情况列表如下：

动态助词	动态（活动）动词					静态（状态）动词		
	V₁：说|唱|哭|笑|做	V₂：听|看|盯|想|猜	V₃：来|去|进|出|卖	V₄：涨|落|退	V₅：画|穿|戴|挂|包	V₆：站|睡|拿|开|提	V₇：歪|斜|尖	V₈：醒|饿|热
倒	+	+	（+）	（+）	+	+	—	—
起	—	—	—	—	+	+	+	（+）

从表中可以看出，"倒"和"起"的区别是："倒"主要与动态动词结合，表示动态持续义，"起"主要与静态动词结合，表示静态持续义。如果动词分属动、静两类，则既可和"倒"结合，也可和"起"结合。

3.2　V₁+助+V₂

"V₁+倒+V₂"结构中的"V₁+倒"是 V₂ 进行的方式或伴随状态。例如：

盘　龙：（16）<u>坐倒/等</u>着鞋子。_{坐着穿鞋。}

　　　　（17）佢唔会睡觉子，<u>横倒/等</u>睡。_{他不会睡觉，横起睡。}

石板滩：（16）<u>坐倒/得</u>着鞋子。

　　　　（17）佢唔会睡目，<u>横倒/得</u>睡。

　　　　（18）<u>企倒/得</u>讲话唔怕腰股痛。_{站着说话不怕腰杆痛。}

铁　佛：（16）<u>坐倒/起/倒起</u>着鞋子。

　　　　（17）佢唔会睡目，<u>横倒/起</u>睡。

　　　　（18）<u>企倒/起</u>讲话唔怕腰杆痛。

响　石：（16）<u>坐倒/等</u>着鞋子。

　　　　（17）佢唔会睡目睡，<u>横倒/等</u>睡。

冷　家：（16）<u>坐倒/起</u>着鞋子。

　　　　（17）佢唔会睡觉，<u>横倒/起</u>睡。

　　　　（18）<u>企倒/起</u>讲话唔怕腰杆痛。

乐　兴：（16）<u>坐倒/起</u>着鞋子。

　　　　（17）佢唔会睡觉，<u>横倒/起</u>睡。

　　　　（18）<u>企倒/起</u>讲话唔怕腰杆痛。

根据上下文语境，"V+倒"表示的意义及用法还可和普通话"先+V+着"相当。即"V+倒"的句式义表示"先进行 V"。也可在"V+倒"前加副词"先"，构成同义结构"先＋V＋倒"，这种结构更凸显了先进行 V 之意。例如：

　　铁　佛：（19）你(先) 去倒，俚等下子就来。你先去，我等会儿就来。

　　冷　家：（19）你(先) 去倒，俚等下子就来。

　　乐　兴：（19）你(先) 去倒，俚等下子就来。

3.3　在＋NL＋V＋助

进入"在＋NL＋V＋助"句式的动词一般是持续性动词，盘龙和石板滩常用的是"倒"，铁佛、冷家和乐兴客家话也常用"倒"，但可用"倒起"替换而语义不变。例如：

　　盘　龙：（20）你在门边等倒，俚马上来。你在门口等着，我马上来。

　　　　　　（21）大家都走唠，他还在沙发顶高坐倒。大家都走了，他还在沙发上坐着。

　　石板滩：（20）你在门边等倒，俚马上来。

　　　　　　（21）人家都走了，佢还在沙发里坐倒。

　　铁　佛：（20）你在门口等倒/倒起，俚马上来。

　　　　　　（21）人家都走哩，佢还在沙发面里坐倒/倒起。

　　响　石：（20）你在门边等倒，俚马上就来。

　　　　　　（21）大齐家都走欸啰，佢还在沙发里坐倒。

　　冷　家：（20）你在门边等倒/倒起，俚马上来。

　　　　　　（21）人家都走哩，佢还在沙发里坐倒/倒起。

　　乐　兴：（20）你在门口等倒/倒起，俚马上来。

　　　　　　（21）人家都走嘞，佢还在沙发面里坐倒/倒起。

3.4　祈使句"V＋助"

祈使句"V＋助"表示说话人要求某人或某物保持某种状态不变。

　　盘　龙：（22）唔听话，给俚跪倒/等！不听话，给我跪着！

　　　　　　（23）你给俚好生拿倒/等！你给我好好拿着！

　　石板滩：（22）唔听话，给俚跪倒/得！

　　　　　　（23）你给俚好生拿倒/得！

铁　佛：(22) 唔听话，给佢跪<u>倒/起/倒起</u>！

　　　　(23) 你同佢好生拿<u>倒/起/倒起</u>！

响　石：(22) 唔听话，给佢跪<u>倒/等</u>！

　　　　(23) 你给佢好生拿<u>倒/等</u>！

冷　家：(22) 唔听话，给佢跪<u>倒/起/倒起</u>！

　　　　(23) 你给佢好生拿<u>倒/起/倒起</u>！

乐　兴：(22) 唔听话，给佢跪<u>倒/起/倒起</u>！

　　　　(23) 你给佢好生拿<u>倒/起/倒起</u>！

3.5　尽/等（佢）+A+助

成都话"尽/等它+A+倒"句式中的"倒"表示性状的持续，而这种性状是说话人不愿意看到的，因而含有无可奈何、听之任之的意味。"尽/等佢"是任凭的意思，"佢"复指"A+倒"的主语。形容词一般限于表示形状、色彩、性质或感觉等中性词或贬义词。四川客家方言也有此用法，和官话一致。例如：

盘　龙：(24) 尽/等佢长倒，反正细节子还爱长大。让它长着，反正孩子还要长大。

　　　　(25) 尽/等佢烦倒，明日来扫。让它脏着，明天来打扫。

石板滩：(24) 等佢长倒，反正细节子还爱长大。

　　　　(25) 等佢□ [lai⁴⁵] □ [tai⁴⁵] 倒，明日来扫。

铁　佛：(24) 等佢长倒，反正细人子还爱长大。

　　　　(25) 等佢□ [lai⁴⁵] □ [tai⁴⁵] 倒，明日来扫。

响　石：(24) 尽/等佢长倒/等，反正细子子还爱长大。

　　　　(25) 尽/等佢烦倒/等，明日来扫。

冷　家：(24) 等佢长倒，反正细人子还爱长大。

　　　　(25) 等佢齷齪倒，明日来扫。

乐　兴：(24) 尽/等佢长倒，反正细人子还爱长大。

　　　　(25) 尽/等佢齷齪倒，明日来扫。

3.6　V/A+助+V/A+助

"V/A+助+V/A+助"均不能带宾语或补语。该结构所表示的语义和语法功能类似于状态形容词，常用来描摹某一动作行为的状态或方式，在句中主要作状语。例如：

盘　龙：（26）有乜个看头，还<u>企倒企倒</u>个看。有什么好看的，还踮着看。

（27）佢等<u>抢倒抢倒</u>个买。他们抢着买。

石板滩：（26）有奈个看头，还<u>□［tɕi ɛ⁵³］得□［tɕi ɛ⁵³］得/□［tɕi ɛ⁵³］倒□［tɕi ɛ⁵³］倒</u>个看。

（27）佢等<u>抢得抢得/抢倒抢倒</u>个买。

铁　佛：（26）有脉个看头，还<u>企倒企倒/企起企起</u>个看。

（27）佢等<u>抢倒抢倒/抢起抢起</u>个买。

响　石：（26）有乜个好看个，还<u>企等企等/企倒企倒</u>个看。

（27）佢等<u>抢等抢等/抢倒抢倒</u>个买。

冷　家：（26）有乜个看头，还<u>企倒企倒/企起企起</u>哩看。

（27）佢等<u>抢倒抢倒/抢起抢起</u>哩买。

乐　兴：（26）有脉个看头，还<u>企倒企倒/企起企起</u>个看。

（27）佢等<u>抢倒抢倒/抢起抢起</u>个买。

4　V＋助＋C$_{趋/结}$

　　成都话"起"可插入述语和趋向或结果补语之间，构成"V＋起＋C$_{趋/结}$"结构，该结构中的"起"不能用"倒"或"倒起"替换，所以单独作一个问题来考察四川客家方言与之相应的语法形式。"起"在结构中的意义非常虚，去掉"起"不会影响语义的表达。语用上，"起"有突出强调 V，加强语义的作用。成都话"V＋起＋C$_{趋/结}$"结构里的"起"，四川客家方言用"倒""起"来表达，但各个客家方言点略有区别。盘龙、响石客家方言只有"倒"和官话"V＋起＋C$_{趋/结}$"结构里的"起"相当。例如：

盘　龙：（28）佢拿钱帮你领<u>倒</u>转欵唠。

　　　　成都话：他把钱帮你领<u>起</u>回去唠。

（29）拿车开<u>倒</u>落去，冇得事。

　　　　成都话：把车开<u>起</u>进去，没得事。

（30）把家具拉<u>倒</u>转去。

成都话：把家具拉起回去。

（31）气球飞**倒**燊欬唠。

成都话：气球飞**起**跑了。

（32）车子开**倒**走欬唠。

成都话：车子开**起**走了。

以上例句中"倒"的用法，石板滩用"得"来表达，但使用率不高，一般采用"V+C_{趋/结}"而不是"V+起+C_{趋/结}"结构。发音人说用"起"是湖广话。例如：

石板滩：（28）佢把钱帮你领**得**转欬了。

（31）气球飞**得**燊欬了。

（32）车子开**得**走欬了。

铁佛客家方言核心动词后，有助词"起"和"倒"来连接趋向或结果补语，构成"V+起+C_{趋/结}"结构，从使用频率看，"倒"比"起"高。例如：

铁　佛：（28）佢把钱同你领**倒/起**归哩。

（29）把车开**倒/起**进去，没得事。

（30）把家俬拖**倒/起**归去。

（31）气球飞**倒/起**燊欬哩。

（32）车子开**倒/起**走欬哩。

冷家客家方言用助词"起"来表达，和毗邻带官话完全一致。例如：

冷　家：（28）佢把钱帮你领**起**归哩。

（29）把车开**起**进去，没得事。

（30）把家具拉**起**归去。

（31）气球飞**起**跳哩。

（32）车子开**起**走撒哩。

乐兴客家方言用助词"倒"和"起"，二者并存，义无别。例如：

乐　兴：（28）佢把钱帮你领**倒/起**归去嘞。

（29）把车开**倒/起**进去，没得事。

（30）把家具拉倒/起归去。

（31）气球飞倒/起跑撒嘞。

（32）车子开倒/起走撒嘞。

方言点	助词	例　句
成都话	起〔tɕʰi⁵³〕	他把钱帮我领起回了。 气球飞起跑了。
盘龙	倒〔tau³¹〕	佢拿钱帮你领倒转欤唠。 气球飞倒淼欤唠。
石板滩	得〔tɛʔ³〕	佢把钱帮你领得转欤了。 气球飞得淼欤了。
铁佛	倒〔tau⁵³〕 起〔ɕi⁵³〕	佢把钱同你领倒/起归哩。 气球飞倒/起淼欤哩。
响石	倒〔to³¹〕	佢把钱帮你领倒归去啰。 气球飞倒淼欤啰。
冷家	起〔tɕʰi⁴¹〕	佢把钱帮你领起归哩。 气球飞起跳哩。
乐兴	倒〔tau⁵³〕 起〔tɕʰi⁵³〕	佢把钱帮你领倒/起归去嘞。 气球飞倒/起跑撒嘞。

普通话中，表示某地存在某人或某物，常用"NL + V +着 + N"结构，是一种静态存在句。官话只能用助词"起"来表达，表静态持续义，不能用动态助词"倒"来替换。除了冷家客家话，盘龙、石板滩等客家方言表动态持续的助词也可表示静态持续义。例如：

盘　龙：（33）黑板顶高写倒/等字个。

石板滩：（33）黑板里写倒/得字个。

铁　佛：（33）黑板上写倒/起字个。

响　石：（33）黑板顶高写等/倒字个。

冷　家：（33）黑板里写起字哩。

乐　兴：（33）黑板面里写倒/起字个。

从以上例句可看出，除了冷家客家方言只能用"起"，和官话用法一致外，其它客家方言点表示静态持续义和表动态持续义的助词一致。虽然铁佛、乐兴客家方言和成都话表持续的动态助词相同，都有"倒""起""倒起"，但用法并不完全相同，如例句（33）动态助词"倒"的用法。

四川客家方言表持续义动态助词分布如下表：

方言点	助词	例句	助词	例句
普通话	着	你帮我看着摊儿	着	黑板上写着字的
成都话	倒〔tau⁵³〕 倒起〔tau⁵³tɕʰi⁵³〕	你帮我看倒/倒起摊摊儿	起 〔tɕʰi⁵³〕	黑板上写起字哩
盘龙	倒〔tau³¹〕 等〔tən³¹〕	你帮倕看等/倒摊摊	倒 等	黑板顶高写倒/等字个
石板滩	得〔tɕʔ³〕 倒〔tau³¹〕	你帮倕看得/倒摊摊	得 倒	黑板里写得/倒字个
铁佛	倒〔tau⁵³〕 倒起〔tau⁵³ɕi⁵³〕 得〔tɕʔ³〕 （注："得"的使用率很低）	你帮倕看等/倒摊摊 镘头煮倒/得/起饭个， 倕爱归去哩。	倒 起	黑板上写倒/起字个
响石	等〔tən³¹〕 倒〔to³¹〕	你帮倕看等/倒摊子	等 倒	黑板顶高写等/倒字个
冷家	倒〔tau⁴¹〕 倒起〔tau⁴¹tɕʰi⁴¹〕	你帮倕看倒/倒起摊摊	起	黑板里写起字哩
乐兴	倒〔təu⁵³〕 倒起〔təu⁵³tɕʰi⁵³〕	你帮倕看倒/倒起摊摊	倒 起	黑板面里写倒/起字个

5 和闽粤客家话的比较

我们主要比较客家方言动词后附表持续的体助词的语法形式，如连城客家话用在动词前的"着""打"等都不计入。我们以表格的形式来反映闽粤客家话的持续体助词，这里不区分动态持续义和静态持续义。

方言点	持续体助词	例句
梅 县 （林立芳 1996：38 – 39）	撑地［tsʰaŋ⁵²tʰi⁵²］ 等［ten³¹］ 等欸［ten³¹ne²²］ 等来［ten³¹loi²²］	阿哥看撑地/等书。 佢读等欸书，唔好搅造佢。 你先食等来，捱做撤细正食。
连 城 （项梦冰 1997：183 – 190）	倒［tau⁵¹］ 倒来［tau⁵¹liu⁵⁵］ 到得［tau³⁵tai³⁵］ 稳定［vaŋ⁵¹tʰaŋ¹¹］	门口围倒怎多人呃。 坐倒来。坐着。 行到得去。走着去。 门开稳定，内底无人。
丰 顺 （黄婷婷 2009：134）	到［to⁵²/²¹］	乜个东西？做摸到湿湿样。
永 定 （李小华 2014：249）	倒［tou⁵²］	坐起来，莫眠倒。
宁 化 （张桃 2004：123 – 127）	到定［tauʔˌtʰiŋˀ］ 倒［ᶜtau］ 倒来［ᶜtauleiʔˌ］	外头落到定雨。外边下着雨。 大门口坐倒好几个乞食。 拦倒来个鱼子很好捉。

通过列表比较，梅县客家话有体助词"等"，和盘龙客家话的助词"等"语音和表义相近，说明助词"等"是随移民迁入的。连城、丰顺等4个客家方言点都有助词"倒"或"到"，和四川客家方言及四川官话常用的体助词"倒"相近。因此，四川客家方言体助词"倒"应该不是来自毗邻带官话。但是，铁佛、冷家和乐兴客家话里的助词"倒起"和"起"，来自官话的可能性大。

第四节 先行体

四川客家方言常用时间副词"先"来表达先进行某动作行为或某件事。但无助词"先"位于句末的现象，"丰顺客家方言助词'先'可用于句末表示对事件的先后次序的安排"（黄婷婷 2009：141）。先行体助词用于未然事态的祈使句或陈述句末，对未然事态作出积极意义的安排，希望暂且先进行某个动作或事情，然后再做别的事情。成都话先行体助词有"来［nai²¹］"或"哆［to⁵⁵］"，黏附在句末。四川客家方言先行体助词有哪些语法形式？和官话表义相同的语法形式有何异同？本节对此问题进行细致考察。

1　四川客家方言的先行体助词

四川客家方言先行体助词有"哆""来""才",分别构成"VP 哆""VP来"和"VP 才"。例如:

盘　龙:(1)拿桌子抹光净哆 $[to^{45}]$ /来 $[lai^{214}]$,安食饭。把桌子擦干净,再吃饭。

(2)拿衫洗欬哆/来,安食饭。把衣服洗了再吃饭。

(3)看欬电视哆/来。看了电视再说。

(4)食点子开水哆/来。喝点儿开水再说。

(5)把碗底背个饭食唠哆/来。把碗里的饭吃完了再说。

石板滩:(1)把桌子抹光净哆 $[to^{45}]$ /来 $[nai^{13}]$,再食饭。

(2)拿衫洗欬哆/来,再食饭。

(3)看欬电视哆/来。

(4)喝兜子开水哆/来。

(5)把碗底背个饭食完哆/来。

铁　佛:(1)把桌子抹净来 $[nai^{31}]$,再食饭。

(2)把衫洗欬来,再食饭。

(3)看欬电视来。

(4)喝点儿开水来。

(5)把碗底背个饭食哩来。

响　石:(1)把桌子抹净哆 $[to^{45}]$,再食饭。

(2)把衫洗哩哆,再食饭。

(3)看哩电视哆。

(4)食点子开水哆。

(5)把碗底背个饭食了哩哆。

冷　家:(1)把桌抹净才 $[ts^hai^{21}]$ /来 $[nai^{21}]$,再食饭。

(2)把衫衣洗撇才/来,再食饭。

(3)看哩电视才/来。

(4)食兜子开水才/来。

(5)把碗里哩饭食了哩才/来。(食了哩:吃完了。)

乐　兴：（1）把桌子抹光净<u>来</u>［loi²¹］，再食饭。

（2）拿衫洗<u>撇来</u>，再食饭。

（3）看<u>撇</u>电视<u>来/才</u>［tsʰoi²¹］。

（4）啜点儿开水<u>来/才</u>。

（5）把碗里个饭食<u>嘞来/才</u>。

石板滩例（1）"把桌子抹光净<u>哆/来</u>，再食饭。"意思是"把桌子抹光净"这件事完成后，再来"食饭"。前后两件事之间存在时间先后关系，且都是同一施事。"<u>哆</u>［to⁵⁵］"和"<u>来</u>［nai²¹］"是成都话先行体标记，它们都用于句末（张一舟、张清源、邓英树 2001：60）。例如：

成都话：（6）你莫催，我看下<u>哆</u>。你不要催，我看看再说。

（7）莫忙开钱，吃了<u>来</u>。不要忙着付钱，吃了再说。

除了成都话，体助词"哆"和"来"在四川、重庆其他官话点均分布普遍，使用频率高。据调查，与四川客家方言点毗邻的官话点均分布有"哆"或"来"，且读音相同或相近。铁佛客家方言先行体助词只有"来"，毗邻带官话点也只有助词"来"，不用"才""哆"等助词，隆昌响石客家方言和毗邻官话都有体助词"哆"，冷家客家方言毗邻带官话没有官话常用先行体助词"哆"，这和冷家客家方言没有先行体助词"哆"一致。目前尚未发现四川以外的客家方言有表先行义的助词"哆"和"来"，综上，大致可认为四川客家方言点的体助词"哆"和"来"借自官话，是方言接触演变的结果。

关于"哆"的形成，我们推测"哆"和体助词"着"有着密切的关系。四川西充方言（王春玲 2011：62-63）先行体助词"着［tso³³］"黏附在句末，表义和助词"哆"相同。"着"在官话区湖北、青海、宁夏、山西、陕西、山东等省，赣语区南昌、安义、丰城、高安、临川等方言点，湘语区的长沙、益阳、祁阳、双峰等均有分布。"哆"和"着"应该是同一个来源，历史上知组曾读如端组，现南方许多方言知组字有仍读［t、tʰ］声母的现象。此外，四川官话点大多无［uo］韵，凡［uo］读为［o］韵，因此我们认为体助词"着［tso］"和"哆［to］"应该是同一个来源，是语音发展演变的结果，具体演变途径有待深入研究。

四川客家方言先行体助词分布情况见下表：

方言点	助词	例 句
成都话	哆 [to⁵⁵]、来 [nai²¹]	看了电视哆/来。
盘龙	哆 [to⁴⁵]、来 [lai²¹⁴]	看欸电视哆/来。
石板滩	哆 [to⁴⁵]、来 [nai¹³]	看欸电视哆/来。
铁佛	来 [nai³¹]	看欸电视来。
响石	哆 [to⁴⁵]	看哩电视哆。
冷家	才 [tsʰai²¹]、来 [nai²¹]	看哩电视才/来。
乐兴	才 [tsʰoi²¹]、来 [loi²¹]	看撇电视来/才。

由此可见，四川客家方言先行体助词和成都话一致性较强，只有冷家和乐兴客家话保留了助词"才"。

2 与闽粤客家话的比较

曹志耘（1998）考察了汉语方言里的表示动作次序的后置词，文中主要描写了"可""等""着""起""先"等的分布和用法，但没有涉及到先行体助词"哆"和"来"。黄婷婷（2009：141）指出，广东的新丰、惠州、紫金客家话多用"正"。梅县方言中，"正"用于动词和形容词前，充当副词，相当于北京话中的"才"（黄雪贞1995：208）。柯理思（2002）考察了十九世纪末瑞士教会翻译的客家话圣经和现代广东紫金客家话的情况，证明句末助词"正"来自副词"正"。冷家和乐兴客家方言表先行义的"才"应该也来自时间副词"才"，是客家话固有语法成分。关于句末助词"正"，目前只发现西昌黄联客家方言中"正"用于先行体中（兰玉英、蓝鹰、曾为志等2015：309－310），例如：

西昌：你唔爱插嗳，你听我讲了/嘿正 [tṣaŋ⁵³]。你不要插嘴，听我说完了再说吧。

问下华斌正 [tṣaŋ⁵³]。问下华斌再说。

此外，广东丰顺和福建连城客家话多用"VP先"表示。例如：

广东丰顺（黄婷婷2009：142）：等佢转来先。等他回来再说。

福建连城（项梦冰1997：430）：我洗浴先。我先洗澡。

项梦冰（1997：431）指出，"'洗浴先'则带有明显的比较色彩，暗含着说话人要把另外一件或几件事（这些事也是听话人所知道的）搁后，当说话人做完了这件事后下一步一定是接着做听说双方已知的另一件或几件事。"

综上，四川客家方言先行体助词受官话影响较大，无"VP 先"格式。西昌句末助词"正"和冷家、乐兴客家方言助词"才"是客家话固有语法成分，但冷家和乐兴客家方言的固有成分"才"和先行体助词"来"展开竞争，而分布广泛的体助词"哆"和"来"则借自官话，是方言接触演变的结果。

第五节　起始体

"起始体"表示动作行为的开始。成都话常用的有三种句法结构（张一舟等 2001：57）：

一、V + 起来（娃娃哭起来了。）

二、V + 开 + 了（外头闹开了。）

三、开 + V（那条狗见了生人就开咬。）

四川客家方言表起始义主要采用"正开始 + V/A"和"V/A + 起来"式。"正开始 + V"式除铁佛客家方言不常用外，盘龙等其它 5 个客家方言点都常用，如盘龙客家话"𠊎等正开始食饭（我们才开始吃饭）"。"正开始落水（才开始下雨）"。下文主要探讨"V/A + 起来"式。

"V/A + 起来"结构中的"起来"，是由趋向动词"起来"虚化而来的起始体助词。助词"起来"也可用在形容词之后，表示某种状态的开始。"起来"因客家方言点不同而语法形式各异。盘龙、石板滩和响石客家方言表示动作行为的起始义有两种格式。如：

盘　龙：

甲：V/A + 等［tən³¹］（来）唠

乙：V/A + □［hɔŋ⁵¹］来唠

（1）天又**热**等（来）唠/热□［hɔŋ⁵¹］来唠。天又热起来了。

（2）𠊎个胃子又**痛**等（来）唠/痛□［hɔŋ⁵¹］来唠。我的胃又痛起来了。

（3）火炮子**爆**等（来）唠/爆□［hɔŋ⁵¹］来唠。火炮响起来了。

$\qquad$（4）外背闹<u>等（来）唠</u>/闹□［hɔŋ⁵¹］<u>来唠</u>。外面闹起来了。

石板滩：

$\qquad$甲：V/A＋得［te³¹］（来）了

$\qquad$乙：V/A＋□［hɔŋ⁵³］来了

$\qquad$（1）天又热<u>得（来）了</u>/热□［hɔŋ⁵³］<u>来了</u>。

$\qquad$（2）𠊎个胃子又痛<u>得（来）了</u>/痛□［hɔŋ⁵³］<u>来了</u>。

$\qquad$（3）火炮子爆<u>得（来）了</u>/爆□［hɔŋ⁵³］<u>来了</u>。

$\qquad$（4）外背闹<u>得（来）了</u>/闹□［hɔŋ⁵³］<u>来了</u>。

从以上例句看，盘龙客家方言的"V/A＋等（来）了"和石板滩"V/A＋得（来）了"应该来源于同一个语法形式，笔者推测石板滩的"得"可能是盘龙客家话"等"在语音上的弱化。盘龙另一格式"V/A＋□［hɔŋ⁵¹］来了"和石板滩"V/A＋□［hɔŋ⁵³］来了"在语义上一致，声韵相同。"□［hɔŋ⁵¹］来"可作趋向动词用，表义相当于普通话的"起来"，例如"五点半就□［hɔŋ⁵¹］来了"（五点半就起来了）。

铁佛和冷家客家方言表起始义均只有"V/A＋起来哩"式，和毗邻带官话一致。例如：

$\qquad$铁　佛：（1）天又热起［çi⁵³］<u>来哩</u>。

$\qquad$（2）𠊎个胃子又<u>痛起来哩</u>。

$\qquad$（3）火炮子<u>爆起来哩</u>。

$\qquad$（4）外背<u>闹起来哩</u>。

$\qquad$冷　家：（1）天又热起［tɕʰi⁴¹］<u>来哩</u>。

$\qquad$（2）𠊎哩胃子又<u>痛起来哩</u>。

$\qquad$（3）火炮<u>响起来哩</u>。

$\qquad$（4）外背<u>闹起来哩</u>。

铁佛的"起［çi⁵³］"是"起［tɕʰi⁵³］"的语音弱化，即声母由塞擦音［tɕʰ］弱化为擦音［ç］。

乐兴客家方言表起始义是"V/A＋起落嘞"式。例如：

（1）天又<u>热起落嘞</u>。

（2）倕个心里又<u>痛起落</u>嘞。

（3）火炮儿<u>响起落</u>嘞。

（4）外背<u>闹起落</u>嘞。

四川客家方言点以"V/A＋起来"表示动作行为或某种状态的开始。笔者考察了四川以外的客家话，发现大多也用"起来"类表示"开始义"。如梅县客家话（林立芳1996：40－41）用"V＋起事"或"V＋起＋X＋来"表示动作行为的开始，也可用在形容词后，表一种状态在开始发展程度在继续加深，如"<u>天寒起事欸</u>，你爱着多件衫正做得"（天冷气来了，你要多穿件衣服才行）。连城客家话（项梦冰1997：196－197）也用"起来［kʰi⁵¹ liu⁵⁵］"接在动词和形容词后表示事态的起始，如"<u>天意寒起来</u>呃，要加着一件衫"（天气冷起来了，要多穿件衣服）。广东丰顺客家话（黄婷婷2009：147）也用起始体助词"起来"来表示动作行为开始并继续，也可用于形容词后表示状态的发展、程度的加深。如"<u>天时又热起来去</u>"（天又热起来了）。

值得一提的是，铁佛和冷家乡客家话表起始义的助词和趋向动词"起来"义不是同一个语音形式。铁佛表"起来"义的趋向动词是"□［hɔŋ⁴⁵］来"，表起始义的是助词是"起［çi⁵³］来"；冷家表"起来"义的也是趋向动词"□［hɔŋ²⁵］来"，表起始义的是助词"起［tçʰi⁴¹］来"。而盘龙和石板滩客家话表"起来"义的趋向动词和表起始义助词是同一语音形式。那么，我们推测，可能是铁佛和冷家客家方言的起始体助词"起来"是从毗邻带官话直接借用过来的，或许这两个客家方言点抛弃了固有的起始体助词。

第六节　貌

1　反复貌

反复貌表示一种动作行为不只一次地反复进行。四川客家方言表示反复貌主要采用"在＋NL＋V"和"V＋啊＋V"格式。

1.1　在＋NL＋V

盘　龙：（1）你就<u>在解样讲</u>。你就在那儿说。

(2) 佢在<u>解样做乜个</u>，一日走来走去个。他在干什么，一天走来走去的。

石板滩：(1) 你就<u>在解子讲</u>。

(2) 佢<u>在解子做奈个</u>，一日走来走去个。

(3) 佢就<u>在解子看</u>，半日都唔动一下。他就在那里看，半天都不动一下。

铁　佛：(1) 你就<u>在解坨子讲</u>。

(2) 佢<u>在解坨子做脉个</u>，一日走来走去个。

(3) 佢就<u>解坨子看</u>，半日都唔动一下。

响　石：(1) 你就<u>在解样讲</u>。

(2) 佢<u>在解样做乜个</u>，一日走来走去个。

冷　家：(1) 你就<u>在解子话</u>。

(2) 佢<u>在解子做乜个</u>，一日走去走来哩。

(3) 佢<u>就解子看</u>，半日都唔动一下。

乐　兴：(1) 你就<u>在解子讲</u>。

(2) 佢<u>在解样子做脉个</u>，一日走来走去个。

(3) 佢就<u>解子看</u>，半日都唔动一下。

"在 + NL + V"结构中的处所成分 NL，有的已经虚化了，如例句（1）"你就在解样讲"，"解样"不确指是哪个地方。

1.2　V + 啊 + V

"V + 啊 + V"表示连续反复地进行某动作行为，同时意味着在这种反复进行中出现了意想不到的情况。梅县客家话（林立芳 1996：44 - 45）常用格式是"V_1 + 阿 + V_1 + 欵 + V_2"，如"<u>到阿到欵</u>，到倒手指公（剁着剁着，剁伤了大拇指）"。四川客家方言"V + 啊 + V"充当句子成分时，其后大多要加状态标记词"个"或"哩"。

盘　龙：(4) 边走边讲，<u>讲啊讲</u>个就到屋家唠。边走边说，说着说着就到了。

(5) <u>挖啊挖</u>个就挖到蚬虫唠。挖着挖着，一会儿就挖到蚯蚓了。

(6) <u>看啊看</u>个就睡落觉去唠。看着看着就睡着了。

石板滩：(4) 边走边讲，<u>讲啊讲</u>个就到屋下了。

    （5）<u>挖啊挖</u>个就挖到红蚬了。

    （6）<u>看啊看</u>个就睡着了。

 铁 佛：（4）边走边讲，<u>讲啊讲</u>个就到屋下哩。

    （5）<u>挖啊挖</u>个就挖到虫蚬哩。

    （6）<u>看啊看</u>个就睡目哩。

 响 石：（4）边走边讲，<u>讲啊讲</u>个就到屋下啰。

    （5）<u>挖啊挖</u>个就挖到虫蚬啰。

    （6）<u>看啊看</u>个就睡着哩。

 冷 家：（4）边走边话，<u>话啊话</u>哩就到屋家哩。

    （5）<u>挖啊挖</u>哩就挖到虫鳝儿哩。

    （6）<u>看啊看</u>哩就睡着哩。

 乐 兴：（4）边走边讲，<u>讲啊讲</u>个就到屋嘞。

    （5）<u>挖啊挖</u>个就挖到虫蚬嘞。

    （6）<u>看啊看</u>个就睡着嘞。

2 短时貌

  短时貌主要指动作的时量短，有时也指动量小。普通话主要用动词重叠式表示，成都话主要有"V一下""V一下子"或"V下子""V下"。四川客家方言表示短时貌的语法形式和成都话一致。例如：

 盘 龙：（1）你去问佢下。_{你去问他一下。}

    （2）看一下下子电视。_{看一会儿电视。}

 石板滩：（1）你去问佢下／一下。

    （2）看一下下儿电视哆。

 铁 佛：（1）你去问佢下。

    （2）看一下下儿电视。

 冷 家：（1）你去问佢下。

    （2）看一下儿电视。

 乐 兴：（1）你去问佢下。

    （2）看一下下儿电视。

3 尝试貌

尝试貌和短时貌可使用相同的语法形式，但更常用的是在动词后加助词"看"。普通话表示尝试义的"看"要放在动词重叠式之后，四川客家方言和毗邻带官话一致，助词"看"放在"V（一）下"或 V 的后面。例如：

盘　龙：(1) 你尝（一）下看咸唔咸。你尝尝看咸不咸？

　　　　(2) 你来挖（一）下看。你来挖挖看。

石板滩：(1) 你尝（一）下看咸唔咸？

　　　　(2) 你来挖（一）下看。

　　　　(3) 讲得咁门容易，你给𠊎跳看。说得很容易，你给我跳跳看。

铁　佛：(1) 你尝（一）下看咸唔咸？

　　　　(2) 你来挖（一）下看。

　　　　(3) 说起唉容易，你同𠊎跳看。

冷　家：(1) 你尝（一）下看咸唔咸？

　　　　(2) 你来挖（一）下看。

　　　　(3) 话起咁门容易，你给𠊎跳看。

乐　兴：(1) 你尝（一）下看咸唔咸？

　　　　(2) 你来挖（一）下看。

　　　　(3) 讲起咁容易，你给𠊎跳看。

盘龙客家话表尝试义用"V（一）下看"式，无"V 看"，石板滩和其它几个客家方言点既有"V 一下看"式，也有"V 看"式。

第八章　句式与结构

第一节　被动句[①]

有标记被动句和无标记被动句在四川客家方言里都存在。本节讨论有标记被动句，以与毗邻带官话及其它客家话相比较。

1　有标记被动句的类型

关于被动标记，张一舟（2001：315）指出成都话有"着""拿给""给""叫"，四川客家方言也有多个被动标记，有"着""拿""拿给""拿分""分"。

1.1　"着"字被动句

"着"字句是四川官话中使用频率最高的被动句，其使用范围覆盖了整个四川官话点，四川客家方言也常用"着"字被动句。下文官话以成都话为例。例如：

成　都：(1) 鱼着［tsau²¹］猫吃了。<small>鱼被猫吃了。</small>

　　　　(2) 媳妇着老人婆骂。<small>媳妇被婆婆骂。</small>

盘　龙：(1) 鱼子着［tsau²¹⁴］猫公食唠。

　　　　(2) 新舅着家娘谣。

石板滩：(1) 鱼子着［tsau¹³］猫公食了。

　　　　(2) 新舅着家娘谣。

铁　佛：(1) 鱼子着［tsau³¹］猫公食欸哩。

---

① 曾以《四川客家方言の受動マーカーについて》为题，发表于《中國語學研究·開篇》第33期（2014年12月）。有改动。

　　　　　　(2) 新舅着家娘韶。

响　石：(1) 鱼子着［tsau¹³］猫公食啰。

　　　　　(2) 新舅着家娘骂。

冷　家：(1) 鱼着［tsau²¹］猫食哩。

　　　　　(2) 新妃着婆婆娘骂。

乐　兴：(1) 鱼子着［tsau²¹］猫公食撇嘞。

　　　　　(2) 新妃着家娘㖞。

　　客家方言介词"着"的声韵调和官话相同，都是阳平调。用法上，四川客家方言和官话相同，句中 VP 往往是动词性成分，只用于表示遭受不愉快、不情愿的事。介词"着"后面的施事者也可以不出现。例如：

成　都：(3) 苞谷苗着干死了。玉米苗被干死了。

盘　龙：(3) 苞谷苗着燥死唠。

石板滩：(3) 苞黍苗着干死了。

铁　佛：(3) 苞谷苗着晒死哩。

响　石：(3) 苞黍苗着燥死哩。

冷　家：(3) 苞谷苗着晒死哩。

乐　兴：(3) 番黍苗着燥死嘞。

　　"着"字句的否定形式，四川官话是在介词"着"前直接加否定副词"不"，客家话是在"着"前加否定副词"唔"。例如：

成　都：(4) 晚上去，才不着他们晓得。晚上去，才不被他们知道。

盘　龙：(4) 夜晡晨去，才唔着佢等晓得。

石板滩：(4) 夜晡晨去，才唔着佢们晓得。

铁　佛：(4) 夜里去，才唔着佢□［nɛ¹³］晓得。

响　石：(4) 夜晡晨去，才唔着佢等晓得。

冷　家：(4) 夜晡去，才唔着佢等晓得。

乐　兴：(4) 夜晡去，才唔着佢等晓得。

1.2　"拿"字被动句

　　"拿"字被动句在成都和冷家客家方言里都没有分布，但大多客家方言点仍保留了用"拿"表被动义，例如：

盘　龙：(5) 衫拿［la⁴⁵］水淋湿唠。_{衣服被雨淋湿了。}

石板滩：(5) 衫拿［na⁴⁵］水淋湿了。

铁　佛：(5) 衫拿［nau⁴⁵］水淋湿欸哩。

响　石：(5) 衫拿［na⁴⁵］水淋湿啰。

乐　兴：(5) 衫拿［la²¹］水淋湿嘞。

调类上，介词"拿"有阴平和阳平两类，铁佛客家方言表被动的介词"拿［nau⁴⁵］"和表"拿"义的动词同音，因此统一写作"拿"。

1.3　"拿给/拿跟"被动句

例句：

成　都：(6) 满山的树拿给［na²¹ke⁵⁵］他们砍光了。

盘　龙：(6) 满山个树子拿给［la⁴⁵ke⁴⁵］佢等砍净唠。

石板滩：(6) 山上个树子拿给［na⁴⁵kɛ⁴⁵］佢们砍光了。

铁　佛：(6) 满山个树子拿给［nau⁴⁵kɛ¹³］佢等砍完哩。

响　石：(6) 满山个树子拿给［na⁴⁵ke⁴⁵］/拿跟［na⁴⁵kən⁴⁵］佢等砍净啰。

乐　兴：(6) 满坡个树子拿给［la²¹kɛ³³］/拿跟［la²¹kən³³］佢等砍撇嘞。

响石、乐兴"拿给"的"给"均有两读，读音［kən³³］记作"跟"，在自然语境中，发音人一般使用"拿跟"。

1.4　"拿分"被动句

"拿分"作被动标记，只分布在部分四川客家方言里。例如：

盘　龙：(7) 手拿分［la⁴⁵pən⁴⁵］开水烙倒唠。_{手被开水烫着了。}

石板滩：(7) 手拿分［na⁴⁵pən⁴⁵］开水烙倒了。

1.5　"分"字被动句

四川客家方言铁佛、响石、冷家、乐兴均没有"分"字被动句，只有石板滩、盘龙客家方言还保留着。例如：

盘　龙：(8) 鱼子分［pən⁴⁵］猫公食欸两条唠。鱼被猫吃了两条了。

　　　　(9) 钱包分人偷欸唠。钱包被人偷了。

石板滩：(8) 鱼子分［pən⁴⁵］猫公食欸两条了。

　　　　(9) 钱包分人偷欸了。

2　"拿分""分"的动词用法

汉语的被动标记都是由动词演变而来的。"拿分""分"既可用作介词，同时也能用作表"给"义的动词。但铁佛、冷家客家方言点已经没有动词和介词用法，乐兴虽然有动词"拿分""分"，但没有介词用法。只有盘龙和石板滩客家话还同时保留着动词和介词用法。动词"拿分"的例句：

盘　龙：(10) 底个苹果拿分［la⁴⁵pən⁴⁵］你。这个苹果给你。

石板滩：(10) 底只苹果拿分［na⁴⁵pən⁴⁵］你。

乐　兴：(10) 底个苹果拿分［la²¹pən³³］你。

动词"分"的例句：

盘　龙：(11) 你唔着个衫分［pən⁴⁵］佢。你不穿的衣服给他。

石板滩：(11) 你唔着个衫分［pən⁴⁵］佢。

乐　兴：(11) 你唔着个衫分［pən³³］佢。

综上，成都话和6个客家话方言点的被动标记及"给"义动词"拿分""分"的分布列表如下：

	被动标记				动词		
	着	拿	拿给	拿分	分	拿分	分
成都	+	－	+	－	－	－	－
盘龙	+	+	+	+	+	+	+
石板滩	+	+	+	+	+	+	+
铁佛	+	+	+	－	－	－	－
响石	+	+	+	－	－	－	－
冷家	+	－	－	－	－	－	－
乐兴	+	+	+	－	－	+	+

3　四川客家话被动标记和其它客家话的比较

在方言接触过程中，四川客家方言哪些被动标记源自官话，哪些是客家方言固有特征的保留。我们先考察闽粤客家方言的被动标记。客家方言的被动句，极少用"被"或"给"表示（李如龙　张双庆 1992：438），多用"分"（梅县、翁源、连南、清溪、揭西、秀篆、武平、宁化、陆川），个别地方用"把"（河源）、"得"（长汀）、"等"（三都）、"拿"（赣县）、"挨"（西河）。"分"是客家话分布范围最广的被动标记，例如：

广东五华客家话（朱炳玉 2010：413）：病分［pun55］医生医好哩。病被医生治好了。

广东梅县客家话（黄映琼 2006：43）：碗公分［pun44］佢打烂欸。碗被他打烂了。

广东丰顺客家话（黄婷婷 2009：35）：鱼分［pun44］猫食得两条了。鱼被猫吃掉两条了。

福建永定客家话（李小华 2014：52）：佢分［puən33］阿叔打欸。他被爸爸打了。

福建连城客家话的被动标记数量多（项梦冰 1997：410－411），有单音节、双音节和三音节的被动标记：

单音节被动标记有 5 个：拿［nu33］、分［paŋ33］、乞［kʰai35］、畀［pai35］、锡［sia35］。

双音节被动标记有 10 个：拿分、分拿、锡拿、拿乞、分乞、锡分、拿畀、分畀、锡乞、锡畀。

三音节被动标记：分拿乞、分拿分、拿乞畀、分拿畀、分乞畀、拿畀乞。

连城客家话虽然被动标记数量多，但常用的是"拿""乞""分"及"拿分""拿乞"。

从以上文献语料看，"分"是客家方言使用最为普遍的被动标记，四川客家方言的介词"分"应该是入川时带来的，因为"分"在四川官话里都读轻唇［f］。其次"拿分"虽然分布范围有限，但结合"分"表被动义来看，我们可以肯定四川客家方言的"拿分"应该也是客家话固有的。

4 理论探讨

根据目前已有文献，未发现福建、广东客家话有被动标记"着"。屈哨兵（2004：57）考察被动标记"着"的分布，指出分布在西南、西北、华北、华中地区，即主要分布在北方方言区，部分湘语点也有分布。因此，我们可以得出如下结论：一是四川客家方言的被动标记"着"应源自四川官话。二是被动标记"拿分""分"是四川客家方言迁入时固有标记，至今尚保留在部分四川客家方言里。

四川客家方言介词"着"是方言接触引发的演变。从语音层面看，四川客家方言和官话介词"着［tsau］"声韵相同，且都是阳平调；从意义层面看，都表被动义且用法相同；从四川以外的客家方言看，未发现用"着"表被动义。因此，四川客家方言介词"着"源自官话。

四川官话的被动标记是多种形式共存，除"着"外，还有"拿给""给""叫"，这四个介词对四川客家方言影响的强度不一。在笔者调查的 6 个客家方言点里，未发现介词"给""叫"表被动义。"着"能成为客家方言使用普遍的被动标记，源自介词"着"本身的优势地位：一是分布范围广；二是使用频率高。在语言接触过程中，强势方言的语法特征能否被弱势方言所接受，取决于该语法特征在同义成分中是否占据优势。标记"拿给"和"拿"是客家方言固有的还是源自官话，很难说清楚。

此外，四川客家方言差不多是同一时期进入四川，但从被动标记的形式看，它们发展演变的进程不一。铁佛和冷家客家方言受四川官话影响最大，这两个点固有的标记"拿分""分"已经消亡，甚至它们表给予义的动词用法一并消失，官话标记"着"强势进入客家话，成为使用频率最高的介词。乐兴客家方言虽保留了"拿分""分"的动词用法，但作被动标记的用法已消亡。盘龙客家方言尚保留得比较完好。根据四川客家方言被动标记的特点，我们可归纳出如下类型：

（1）被官话特征所替代，固有特征完全消亡（冷家客家方言）。

（2）既有官话特征，同时保留了部分固有特征（乐兴客家方言）。

（3）既有官话特征，同时完好保留了固有特征（盘龙客家方言）。

造成客家方言发展演变进程不一的原因，是由于和官话接触强度不同。冷家、铁佛客家方言，只有两个村说客家方言，方言岛分布范围小，特别是冷家，两个村不足两千人，年轻一代已经不会说客家方言，有的甚至不知道父辈会说客家方言。双语人和官话接触强度增大，官话对客家方言的影响也就越大。而盘龙会说客家方言的多达 3 万人，所以客家方言特征保存得比较完好。

通过对四川客家方言岛被动标记的调查，可以观察到客家方言在语法层面已不同程度地受到官话影响，客家方言固有特征正逐渐被官话所替代，语法替代的进程和方言接触的强度密切相关。

第二节　处置句

项梦冰（1997：421）指出，"连城方言的处置句很不发达，在日常的口语里很不容易听到，多在较正式的场合里或在讲故事、介绍某物的制作过程中才偶能听到，而且给人一种文绉绉的感觉……普通话的'把'字句在连城方言里通常用受事前置句来表达。"温昌衍（2006：177）也认为不少客家方言点"把"字句（处置句）不发达，而换成一般的陈述句或祈使句，例如清溪客家话"饭食哩去！"与之相比，四川客家方言的处置句较为常见。从处置标记看，四川官话用"把"，某些官话点还有标记词"将"，"把"比"将"常用。四川客家方言有"拿""把"两个标记词，大多客家方言点只有"把"，其用法、读音和官话一致。

1　"拿"／"把"字句

石板滩、邻水、铁佛、乐兴客家方言都只有一个处置标记"把"，没有介词"将"。笔者调查，这几个客家方言岛毗邻带官话处置标记也只有"把"，不用"将"。盘龙、响石客家方言处置标记词有"拿""把"两个。例如：

> 盘　龙：（1）你拿［la⁴⁵］／把［pa³¹］钱存到银行去。你把钱存到银行去。
>
> 　　　　（2）你今日拿／把废品拿倒去卖唠。你今天把废品拿去卖了。
>
> 石板滩：（1）你把［pa³¹］钱存到银行去。

（2）你今晡日把<u>废品</u>拿去卖了。

铁　佛：（1）你把［pa⁵³］<u>钱</u>存到银行去。

（2）你今日把<u>废品</u>拿倒去卖哩。

响　石：（1）你拿［na⁴⁵］/把［pa³¹］<u>钱</u>存到银行去。

（2）你今日拿/把<u>废品</u>拿倒去卖啰。

冷　家：（1）你把［pa⁴¹］<u>钱</u>存到银行去。

（2）你<u>废品</u>拿起去卖撒哩。

乐　兴：（1）你把［pa⁵³］<u>钱</u>存到银行去。

（2）你今日把<u>废品</u>拿倒去卖嘞。

虽然盘龙和响石客家话有两个处置标记，二者可以自由替代而不影响语义表达，但标记"拿"比"把"更常用。除此以外，"拿"字处置句在隆昌和西昌客家方言中也有分布（兰玉英、蓝鹰、曾为志等2015：323），例如：

付　家：你<u>拿</u>［na⁴⁵］剩饭食嘿佢。<small>你把剩饭吃了。</small>

西　昌：剩饭，<u>拿</u>［na⁴⁵］佢食嘿。<small>剩饭，把它吃了。</small>

成都洛带、凉水井还有"摎"字处置句，例如：

洛　带：剩饭，<u>摎</u>［nau⁴⁵］佢食嘿。<small>剩饭，把它吃了。</small>

凉水井：剩饭，<u>摎</u>［nau⁴⁵］佢食嘿。<small>剩饭，把它吃了。</small>

"拿"在四川客家方言中都可作被动标记，见上文"拿"字被动句，同时"拿"在盘龙、响石、西昌等方言点也表处置义，即同一词形表示两种功能。同一词形表示处置和被动义的特点，在汉语方言中使用比较普遍，例如：

江苏徐州话 <small>（李荣2003：4641）</small>：<u>给</u>衬衣洗洗。<small>把衬衣洗洗。</small>

小鱼儿<u>给</u>猫偷吃了。<small>小鱼被猫偷吃了。</small>

江西安远话 <small>（刘纶鑫2001：332）</small>：佢<u>拿</u>把我个钢笔舞坏哩。

该本书<u>拿</u>被别人撕了几页。

湖北孝感话 <small>（左林霞2001）</small>：把椅子拿进去。

东西<u>把</u>别个偷走了。<small>东西被别人偷走了。</small>

徐州话的"给"、安远话的"拿"和孝感话的"把"都同时兼有处置和被动两种语法功能，朱玉宾（2016）指出同形标志词兼表被动和处置的最主要动因源于汉语施受同辞的特点，从而施受关系可以转换，在意义的引申虚化驱使下，句式也就发生了相应的变化，这是兼用现象的共同成因。

2　特殊处置式

2.1　（A）＋拿/把 B＋VP＋它/佢

四川官话和客家方言都可以在有标记的处置句末加上代词"它"或"佢"，构成"（A）＋把/拿 B＋VP＋它/佢"句式。代词"佢"用来复指标记词后被处置的对象，有加强语气的作用。例如：

盘　龙：（3）拿/把烂鞋丢欻佢。把破鞋扔了。

　　　　（4）你拿/把碗底背个饭食完佢。你把碗里的饭吃完。

石板滩：（3）把烂鞋子丢欻佢。

　　　　（4）你把碗底背个饭食完欻佢。

铁　佛：（3）把烂鞋子丢欻佢。

　　　　（4）你把碗里个饭食完欻佢。

响　石：（3）拿/把烂鞋丢欻佢。

　　　　（4）你拿/把碗底背个饭食了完佢。

冷　家：（3）把烂鞋子丢撒佢。

　　　　（4）你把碗里哩饭食了佢。

乐　兴：（3）把烂鞋□［ər⁵³］撒佢。

　　　　（4）你把碗里个饭食了嘞佢。

"（A）＋把/拿 B＋VP＋它/佢"句式要求 VP 比较简单，主要局限于"V了、VC结（了）"，"V了"如例句（3），"VC结（了）"如例句（4）。

2.2　拿/把 B＋V＋得

"把 B＋V＋得"结构里 V 是光杆动词或形容词，省略情状补语而成。例如：

盘　龙：（5）佢拿/把大细子打得呃。他把孩子打得哟。

　　　　（6）大细子考起大学唠，拿/把佢喜欢得。孩子考上大学了，把他高兴得。

石板滩：（5）佢<u>把</u>细节子打得。

（6）细节子考上大学了，<u>把</u>佢喜欢得。

铁　佛：（5）佢<u>把</u>大俫子打得呃。

（6）大细子考起大学哩，<u>把</u>佢喜欢得。

响　石：（5）佢<u>拿/把</u>俫子打得呃。

（6）俫子子考上大学啰，<u>拿/把</u>佢喜欢得。

冷　家：（5）佢<u>把</u>大细子打得呃。

（6）大细子考起大学了，<u>把</u>佢欢喜得哦。

乐　兴：（5）佢<u>把</u>大细子打得呃。

（6）大细子考起大学嘞，<u>把</u>佢喜欢得。

3　处置句的否定式

普通话的否定词一般不能放在处置标志词"把"类之后谓语动词之前，四川客家方言则和官话一样可以放置。例如：

盘　龙：（6）<u>拿/把</u>猫公唔爱弄死唠。不要把猫弄死了。

（7）<u>拿/把</u>酒唔爱食多唠。不要把酒喝多了。

石板滩：（6）<u>把</u>猫公莫弄死了。

（7）<u>把</u>酒莫喝多了。

铁　佛：（6）<u>把</u>猫公莫弄死哩。

（7）<u>把</u>酒莫喝多哩。

响　石：（6）<u>拿/把</u>猫公唔爱整死哩。

（7）<u>拿/把</u>酒唔爱食多哩。

冷　家：（6）<u>把</u>咪儿莫弄死哩。

（7）<u>把</u>酒莫食多哩。

乐　兴：（6）<u>把</u>猫莫嫽死嘞。

（7）<u>把</u>酒莫啜多嘞。

4　和闽粤客家方言处置标记的比较

四川客家方言点多用"把"字处置句，跟四川官话和普通话相同，部分四川客家方言点至今仍保留了处置标记"拿"和"㩟"。那么，闽粤两地客家方言的处置标记主要有哪些形式呢。据文献资料列举如下：

广东丰顺 (黄婷婷2009：34)：和［υo⁴⁴］、佮［ka²¹］、捉［tsok²］、拿［na⁴⁴］、捞［lo⁴⁴］

广东梅县 (温昌衍2006：177)：将、将把

香港新界 (庄初升、黄婷婷2014：236)：挨、将、捉

福建永定 (李小华2014：54－58)：将［tsiŋ³³］、将把［tsiŋ³³ pa⁵²］、拿₂［la³³］、得［tɛʔ²］

福建宁化 (张桃：243)：帮［ˌpoŋ］、将［ˌtsioŋ］

福建连城 (项梦冰1997：420)：将［tsia³³］

通过比较可看出，闽粤两地客家方言处置标记"把"较少见，刘纶鑫 (2001：332) 指出，江西客家方言中基本上没有介词"把"，主要介词有"将""拿""㩟""分"等。例如：

赣县：你将该头树斫了去。你把这棵树砍了。

定南：我㩟渠个名字忘记了。我把他的名字忘记了。

于都、安远：渠拿我个钢笔舞坏哩。他把我的钢笔搞坏了。

受官话影响，四川客家方言石板滩、铁佛、冷家、乐兴固有处置标记"拿"已经消失，只有处置标记"把"，和毗邻官话一致。

第三节　比较句

本节讨论四川客家方言的两种比较句：平比句和差比句。

1　平比句

四川客家方言平比句的句式和普通话格式"甲和乙一样 VP"相同。相当于"和"的介词可以是"跟"，也可以是"同"。

例如：

盘　龙：(1) 佢老弟跟佢一样瘦。他弟弟跟他一样瘦。

石板滩：(1) 佢老弟跟佢一样瘦。

铁　佛：(1) 佢老弟同佢一样瘦。

响　石：(1) 佢老弟同佢一样瘦。

冷　家：(1) 佢弟子跟佢一样瘦。

乐　兴：(1) 佢老弟跟佢一样瘦。

否定式也和普通话一样，在肯定式的"一样VP"前加否定词"唔"。
例如：

盘　龙：(2) 底两条裤子唔一样长。这两条裤子不一样长。

石板滩：(2) 底两条裤子唔一样长。

铁　佛：(2) 底两条裤子唔一样长。

响　石：(2) 解两条裤子唔一样长。

冷　家：(2) 底两条裤子唔一样长。

乐　兴：(2) 底两条裤子唔一样长。

凉水井、洛带和西昌（兰玉英、蓝鹰、曾为志等2015：324－325）等客
家方言点的平比句基本格式也是"甲和乙一样VP"。例如：

凉水井：(3) □［niaŋ¹³］个人摎/同/跟个个人一样高。这个人和那个
人一样高。

(4) □［niaŋ¹³］只跟个只个一样大。这个跟那个一样大。

(5) □［niaŋ¹³］群孩子像猴子一样个。这群孩子像猴子一样
似的。

洛　带：(3) 底只个摎/跟/同个只一样。

(4) 底个跟个个一样大。

(5) 底兜细崽子摎猴子啊边。

西　昌：(3) 底只人同那个人一样高。

(4) 底只给那个一般大。

(5) 底群娃儿摎猴子啊样个。

2　差比句

2.1　表示"过之"的差比句

四川客家方言可见到三种类型：

㊀甲比乙 VP

㊁甲比乙过 VP

㊂甲比乙较 VP

㊀甲比乙 VP

"甲比乙 VP"是四川客家方言的常用句式，被调查的 6 个点都有分布。

例如：

盘　龙：（6）你比佢高。你比他高。

（7）今日比昨晡日冷。今天比昨天冷。

（8）佢比你大咁门多。他比你大很多。

（9）佢比你细十岁。他比你小十岁。

石板滩：（6）你比佢高。

（7）今日比昨晡日冷。

（8）佢比你大咁门多。

（9）佢比你细十岁。

铁　佛：（6）你比佢高。

（7）今晡日比昨晡日冷。

（8）佢比你大唉多。

（9）佢比你细十岁。

响　石：（6）你比佢高。

（7）今日比昨晡日冷。

（8）佢比你大咁多。

（9）佢比你细十岁。

冷　家：（6）你比佢高。

（7）今日比昨晡日冷。

（8）佢比你大咁门多。

（9）佢比你细十岁。

乐　兴：（6）你比佢高。

　　　　（7）今日比昨晡日冷。

　　　　（8）佢比你大好多。

　　　　（9）佢比你细十岁。

□甲比乙过 VP

这种比较句式在石板滩多为中老年人使用，年轻一代用句式□"甲比乙VP"。"甲比乙过 VP"句式里的 VP 主要由单音节性质形容词充当，双音节性质形容词也可进入该句式，但不太常用，如果比较结果带有数量成分，用句式□。例如：

石板滩：（10）你比佢过［ko⁵³］高。<small>你比他高。</small>

　　　　（11）今日比昨晡日过冷。<small>今天比昨天冷。</small>

　　　　（12）样件衫比解件衫过相宜。<small>这件衣服比那件衣服便宜。</small>

"甲比乙过 VP"句式里的"过"的词汇义存在虚实两种用法，但没有轻重音之别。老年人认为"你比佢高"和"你比佢过高"句式义相同，如石板滩例句（6）（7）和（10）（11）。"过"既可以理解为词汇义已经弱化，用于标记比较项目，也可理解为副词"更"。例如：

普通话：（13）他比你胖。

　　　　（14）他比你更胖。

石板滩：（13）佢比你过胖。

　　　　（14）佢比你过胖。

崔荣昌（2011：274）调查成都合兴客家话的语法例句：

（15）□［i³¹］隻人比□［kai⁵⁵］隻人过高。<small>这个人比那个人高。</small>

此外，兰玉英等调查成都泰兴客家话（2007：302－303）和凉水井、洛带、西昌客家话（2015：325－326）的比较句式，其比较句的基本格式是"甲比乙过 A/V"。例如：

泰　兴：（16）样个比个个过好。<small>这个比那个更好。</small>

　　　　（17）骑洋马比走路过快。<small>骑自行车比走路更快。</small>

凉水井：（18）□［niaŋ¹³］只比個只过［ko⁵³］大。这个比那个大。

　　　　（19）阿娘比细俫子过想食。妈妈比儿子更想吃。

　　　　（20）电灯比清油灯过光。电灯比油灯亮。

洛　带：（18）個個比個個过［ko⁵³］大。这个比那个大。

　　　　（19）阿娘比细俫子过想食。妈妈比儿子更想吃。

　　　　（20）电灯比油灯过光/亮。电灯比油灯亮。

西　昌：（18）底只比□［iʔ⁵］只大。这个比那个大。

　　　　（19）阿嬰比细俫子更/过想食。妈妈比儿子更想吃。

　　　　（20）电灯比油灯过［ko⁵³］光。电灯比油灯亮。

　　从以上例句看，成都市郊一带客家方言如凉水井、洛带"甲比乙过 VP"的"过"，既可理解为词汇义已经弱化，用于标记比较项目，也可理解为副词"更"，而西昌的"过"表达副词义时，已经可以用"更"替换了，如西昌例句（19），用于标记比较项目的"过"则可有可无，如西昌例句（18）（20）。

　　梅县客家话用"过"来表示差比，有两种句式：

　　A：甲 + 比乙 + 过 + VP（佢比你过高）

　　B：甲 + 比乙 + 过 + VP + 数量（佢比你过高一厘米）

　　四川客家方言只有 A 类句式，如果比较结果带有数量成分，则用句式"甲 + 比乙 + VP"。兰玉英、蓝鹰、曾为志等认为（2015：327 – 328）四川客家方言没有保留梅县客家话的 B 式，跟四川官话的差比句结构有关系，是四川官话差比句的结构模式制约着四川客家方言差比句的结构模式，这种说法还有待进一步验证。

　　㈢甲比乙较 VP

　　这种句式存在于四川威远石坪（崔荣昌 2011：497 – 498）、隆昌响石客家方言里，例如：

石　坪：（21）□［i⁵³］隻人比那隻好。□［i⁵³］隻人比那隻较［kau⁵⁵］好。这个比那个好。这个比那个更好。

　　　　（22）天光日比今晡日较好明天比今天更好。

　　　　（23）□［i⁵³］个人比那个人较高这个人比那个人高。

响　石：（24）解只比解只较［kau⁴⁵］好这个比那个（更）好。

（25）骑自行车比走路较快_{骑自行车比走路（更）快。}

（26）佢比你较胖_{他比你（更）胖。}

从例句看，"较"既可以译为"更"，也可以不译，语音上不分轻重音。表示"过之"的差比句的否定式是在肯定式"甲比乙 VP"的基础上加否定词"唔"构成，各方言点一致性很高。以盘龙和石板滩为例：

盘　龙：（27）佢唔比你高。_{他不比你高。}

石板滩：（27）佢唔比你高。

2.2　表示"不及"的差比句

表示"不及"的差比句，各方言点一致性较强，用"甲冇得/没得乙 VP"句式。

例如：

盘　龙：（28）今日冇得昨晡日咁热。_{今天没有昨天那么热。}

（29）底只冇得解只好。_{这个没有那个好。}

石板滩：（28）今晡日冇得昨晡日咁热。

（29）样只冇得解只过好。

铁　佛：（28）今晡日没得昨晡日唉热。

（29）样只没得解只好。

响　石：（28）今日冇得昨晡日咁热。

（29）解只冇得解只好。

冷　家：（28）今日没得昨晡日咁热。

乐　兴：（28）今日没得昨晡日咁门热。

3　讨论

四川客家方言平比句和表"不及"的差比句在句式上和普通话差不多。主要讨论"过之"差比句。

从语法标记上看，"比"是四川客家方言常用标记，"过"和"较"存在于部分方言点，是对客家方言固有特点的传承。"过"分布在成都市郊的客家话里，"较"分布在威远和隆昌客家话里，其它客家方言点只有比较标记

"比"。

比较标记"过"和"较"在四川以外的客家话也有分布，其词汇义有虚有实。例如温昌衍（2006：176）指出客家方言的比较句，与粤语、闽语不太一样，用"甲比乙过 VP"。例如梅县客家话：

> 狗比猫过大。狗比猫大。
>
> 偃比佢过肥。我比他胖。

江西客家话（刘纶鑫 2001：333）常用的比较句是"甲比乙较 VP"式，例如：

> 渠比你较高（或：渠比你过高）。他比你高。
>
> 你比渠较能干。你比他能干。
>
> 该本书比该本书较好看。这本书比那本书好看。
>
> 今日个字写得比昨日个较好。今天写的字比昨天写的好。

从译文看，以上例句"过""较"词汇义弱化。

丰顺汤坑客家话（黄婷婷 2009）有"甲比乙较［kʰau$^{52/552}$］VP"和"甲较 VP 过乙"，当"较"重读时，意为"更"，轻读时，词汇义已经弱化，只是用于标记比较项目。不过，丰顺汤坑"较"读为送气音，而四川威远客家话读为不送气音。

第四节　反复问句

反复问句是选择问句的一种，是让人在 X 和非 X 里选择一项作为回答。因此，学界有把反复问句称作"正反选择问句"或"正反问句"，有称为"中性问句"的，本节仍称"反复问句"。关于汉语方言反复问句，朱德熙（1985）早就有过深入研究，此后学者分别就各地方言反复问句进行考察。本节对四川客家方言的反复问句展开描写和比较。

四川客家方言和毗邻官话一样，反复问句很常用，但否定词和句式与四川官话有同有异。四川官话有"VP－neg"和"VP－neg－VP"，如"冷不？""外头冷不冷？"四川客家方言反复问句的否定词相对复杂些，有"唔""冇

得""没得""唔曾"等，构成的反复问句有"VP 唔""VP 唔 VP""VP 冇
得""VP 没得""VP 唔曾"。本节分否定词为"唔"的反复问句，否定词为
"冇"或"冇得""没（得）"的反复问句和含"唔曾"的反复问句三类来考
察，反复问句里的否定词标音已在第五章否定词处标注，此节不再标音。

1　否定词为"唔"的反复问句

1.1　"VP 唔"

"VP 不"是四川官话反复问句的最常用句式，如"喝酒不？（喝不喝
酒）""赶场不？（上不上街）"。用于反复问句的谓词包括动词和形容词，为
了行文简洁，本节一律用"VP"表示。"VP 不"最早见于先秦，是古汉语较
早的反复问句形式，一直到元明清时期，"VP 不"仍多见。四川官话"VP
不"排斥否定词在 VP 前出现，"就、只、连、是"等强调标记也不能进入此
格式，而且句末"不"不轻读，还保留着否定义，未虚化为语气词。四川客
家方言与"VP 不"相对应的，是"VP 唔"式，在被调查的 6 个客家方言点
里，只有盘龙和石板滩客家方言有分布。

例如：

盘　龙：（1）你还爱舀点子饭唔？你还要盛不盛点儿饭？

　　　　（2）你食酒唔？你喝不喝酒？

　　　　（3）你係老师唔？你是不是老师？

　　　　（4）你记得倒唔？你记不记得住？

石板滩：（1）你还爱舀点子饭唔？

　　　　（2）你食酒唔？

　　　　（3）你係老师唔？

　　　　（4）你记得倒唔？

盘龙客家方言句末"唔"可以和"不"自由替换，但很不常用，"VP
不"可能受毗邻带官话影响所致。西昌客家方言有正反问句"VP 不"（兰玉
英　蓝鹰　曾为志等 2015：315—316），这是受四川官话影响所致。

四川铁佛、响石、冷家和乐兴客家方言没有"VP 唔"式，用"V 唔 VP"
或"VP 唔 VP"形式来表达，或者句末用疑问词"么"构成是非问句来传疑。

如官话"喝酒不?"在铁佛或冷家客家方言里表达为说"食唔食酒?"或"食酒唔食酒?""食酒么?"

1.2　"V 唔 VP""VP 唔 VP"

四川客家方言都有"V 唔 VP"式,使用频率很高。

(1) 谓词性成分是光杆动词或形容词

如果动词或形容词是单音节,则反复问句的格式是"V 唔 V",和四川官话"V 不 V"相同。如盘龙客家方言有"看唔看 | 外背冷唔冷 | 甜唔甜"等格式。"V 唔 V"在盘龙或石板滩客家方言中也可以用"V 唔"反复问句式提问。

如果动词或形容词是双音节,A 表示第一个音节,B 表示第二个音节,那么反复问句的格式是"A 唔 AB"或"AB 唔 AB"。铁佛、响石、冷家、乐兴和盘龙客家方言形式一致。以盘龙和石板滩客家方言为例:

	A 唔 AB	AB 唔 AB
盘　龙:	(5) 你晓唔晓得?	你晓得唔晓得?
	(6) 佢喜唔喜欢?	佢喜欢唔喜欢?
	(7) 猪肉新唔新鲜?	猪肉新鲜唔新鲜?
石板滩:	(5) 你晓唔晓得?	你晓得唔晓得?
	(6) 佢喜唔喜欢?	佢喜欢唔喜欢?
	(7) 猪肉新唔新鲜?	猪肉新鲜唔新鲜?

(2) 动宾结构

这一小类的格式有三种:V 唔 VO、VO 唔 VO、VO 唔 V。被调查的 6 个客家方言点格式和用法完全相同。我们以盘龙客家方言为例:

盘　龙: (8) a: 大家食唔食酒? 大家喝不喝酒?

　　　　　　b: 大家食酒唔食酒?

　　　　　　c: 大家食酒唔食?

　　　　(9) a: 等下子扫唔扫地来? 等会儿扫不扫地?

　　　　　　b: 等下子扫地来唔扫地来?

　　　　　　c: 等下子扫地来唔扫?

朱德熙（1999：185）指出，"大部分北方官话都采用倾向于"VO－neg－V"句式，西南官话、粤语、吴语、闽语、客家话以及一部分北方官话（山东话、东北话）使用"V－neg－VO"句式。"四川客家方言既有"VO－neg－V"式，也有"V－neg－VO"式，还有"VO－neg－VO"式。朱德熙（1999：186）曾对四川话剧本《抓壮丁》和马真的《西南官话读本》做过统计，指出"VO－neg－V"和"VO－neg－VO"式各出现 1 次：

> 坐了滑杆不给钱，还<u>讲道理不讲</u>的哟！
> 摸摸你的额头看，<u>发烧不发烧</u>？

四川客家方言也有"VO－neg－V"和"VO－neg－VO"式，但使用率不如"V－neg－VO"高。

（3）状动结构

盘龙、石板滩等客家方言点，谓词性成分带状语的形式都是"P 唔POVP"。例如：

盘　龙：（10）你同唔同佢嫽？
　　　　（11）你走唔走学堂过？
石板滩：（10）你同唔同佢嫽？
　　　　（11）你走唔走学堂过？
铁　佛：（10）你同唔同佢嫽？
　　　　（11）你走唔走学堂过？
冷　家：（10）你跟唔跟佢嫽？
　　　　（11）你走唔走走学堂过？
乐　兴：（10）你同唔同佢嫽？
　　　　（11）你走唔走学堂过？

（4）述补结构

四川客家方言述补结构的反复问句有"V 唔 VC"和"V 得 C 唔 C"式。"V 唔 VC"式：

盘　龙：（12）咁门远，你看唔看得倒? 那么远，你看不看得见?
　　　　（13）麦草背唔背转去? 麦秆背不背回去?

　　石板滩：（12）咁门远，你看唔看得倒？

　　　　　　（13）麦草背唔背转去？

　　铁　佛：（12）咁门远，你看唔看得倒？

　　　　　　（13）麦草背唔背归去？

　　冷　家：（12）咁门远，你看唔看得倒？

　　　　　　（13）麦秆背唔背归去？

　　乐　兴：（12）咁门远，你看唔看得倒？

　　　　　　（13）麦苗背唔背归去？

"V 得 C 唔 C"：

　　盘　龙：（14）地来扫得光唔光净？／地来扫得净唔净？

　　石板滩：（14）地来扫得光唔光净？

　　铁　佛：（14）地来扫得／倒光唔光净？

　　冷　家：（14）泥下扫得光唔光净？

　　乐　兴：（14）泥下扫得光唔光净？

2　否定词为"冇"或"冇得""没（得）"的反复问句

　　"冇"或"冇得""没（得）"只用在动词为"有"的反复问句里，有"有唔有 VP/NP""有冇／没（得）VP/NP""VP 冇得""VP 没得"式。"冇"或"冇得"只分布在盘龙、响石和石板滩客家方言里，"没得"分布在铁佛、冷家和乐兴客家方言里。

2.1　有冇/没（得）VP/NP

　　询问领有情况的反复问句，北京话的反复问句形式"有没有 VP/NP"，盘龙和石板滩客家方言相应形式是"有冇 VP/NP"，铁佛等客家方言是"有没得 VP/NP"。"有冇 VP/NP""有没得 VP/NP"都可以替换为"有唔有 VP/NP"。也就是北京话"有没有"的形式，在四川客家方言里有"有唔有"或"有冇""有没得"三种形式，即"有"的否定形式是"唔有"或"冇""没得"。调查的 6 个点中，盘龙、响石和石板滩客家方言保留了"冇"，但没有以"冇"结尾的问句。项梦冰（1997：402）指出连城客家方言用"mau³⁵"结尾的问句跟北京话以"吗"字结尾的问句相当。如："有纸票无［mau³⁵

(有钱吗?)""佢系迎老伯 mau^{35}?"（他是你哥哥吗?）。

盘　龙：（15）你等屋家<u>有唔有/有冇剪刀</u>? <small>你们家有没有剪刀?</small>

石板滩：（15）你等屋家<u>有唔有/有冇剪刀</u>?

铁　佛：（15）你□［nɛ^{13}］屋下<u>有唔有/有没得剪刀</u>?

响　石：（15）你等屋下<u>有唔有/有冇剪刀</u>?

冷　家：（15）你等屋家<u>有唔有/有没得剪刀</u>?

乐　兴：（15）你等屋家<u>有唔有/有没得剪刀</u>?

铁佛、冷家和乐兴客家方言没有"冇"这个词，"冇"表示的意义已被官话"没得"或"没"取代。

当询问是否完成某件事，四川客家方言点均可使用"有唔有 VP"式，盘龙、石板滩和响石三个点可用"有冇 VP"替换，例如：

盘　龙：（16）<u>有冇/有唔有买盐</u>? <small>有没有买盐?</small>

石板滩：（16）<u>有冇/有唔有买盐</u>?

铁　佛：（16）<u>有唔有买盐</u>?

响　石：（16）<u>有冇/有唔有买盐</u>?

冷　家：（16）<u>有唔有买盐</u>?

乐　兴：（16）<u>有唔有买盐</u>?

例（16）的"有唔有"，铁佛、冷家和乐兴客家方言不能用"有没得"来替换。

2.2　"VP 冇得""VP 没得"

官话有"VP 没（得）"问句，如"有钱没（得)?""走了没（得)?"既可用于询问领有情况，也可用于询问存在、完成、经历等情况。四川客家方言"VP 冇得"和"VP 没（得）"都只用于询问领有情况，询问存在、完成、经历等用"VP 唔曾"。铁佛等客家方言"没得"和四川官话"没得"表义及用法不对等。

盘　龙：（17）你等屋家有剪刀<u>冇得</u>? <small>你们家有剪刀没有?</small>

（18）有钱<u>冇得</u>? <small>有钱没有?</small>

石板滩：（17）你等屋家有剪刀<u>冇得</u>?

（18）有钱冇得？

铁　佛：（17）你等屋下有剪刀没得？

（18）有钱没得？

响　石：（17）你等屋下有剪刀冇得？

（18）有钱冇得？

乐　兴：（17）你等屋家有剪刀没（得）？

（18）有钱没（得）？

冷家客家方言没有"VP冇得/没得"式反复问句。

3　含"唔曾"的反复问句

四川官话"没得"或"没有"可用于询问完成、经历的情况，如"衣服洗了没（得）"。四川客家话则用"VP唔曾""VP唔曾VP"来表达。

3.1　VP唔曾

例如：

盘　龙：（19）转屋家唔曾？回家了没有？

（20）洗脚唠唔曾？洗脚了没有？

（21）买盐巴唔曾？买盐没有？

石板滩：（19）转屋家唔曾？

（20）洗脚了唔曾？

（21）买盐巴唔曾？

铁　佛：（19）归屋哩唔曾？

（20）洗脚哩唔曾？

（21）买盐巴么/唔曾？

响　石：（19）归屋下唔曾？

（20）洗脚了唔曾？

（21）买盐巴唔曾？

冷　家：（19）归屋家唔曾？

（20）洗脚哩唔曾？

（21）买盐唔曾？

乐　兴：（19）归屋嘞唔曾/没？

　　　　（20）洗脚嘞唔曾/没？

3.2　VP唔曾VP

当反复问句的谓词性成分带宾语时，"VP唔曾VP"式有："V唔曾VO"、"VO唔曾VO"式，但响石客家方言只有"V唔曾VO（买唔曾买盐巴）"而无"VO唔曾VO（买盐巴唔曾买盐巴）"式。例如：

	V唔曾VO	VO唔曾VO
盘　龙：	（21）买唔曾买盐巴？	买盐巴唔曾买盐巴？
	（22）洗唔曾洗脚？	洗脚唔曾洗脚？
石板滩：	（21）买唔曾买盐？	买盐唔曾买盐？
	（22）洗唔曾洗脚？	洗脚唔曾洗脚？
铁　佛：	（21）买唔曾买盐？	买盐唔曾买盐？
	（22）洗唔曾洗脚？	洗脚唔曾洗脚？
冷　家：	（21）买唔曾买盐？	买盐唔曾买盐？
	（22）洗唔曾洗脚？	洗脚唔曾洗脚？
乐　兴：	（21）买唔曾买盐？	买盐唔曾买盐？
	（22）洗唔曾洗脚？	洗脚唔曾洗脚？

当谓词性成分带补语时，盘龙、响石、铁佛和冷家有"VC唔曾VC"，石板滩和乐兴客家方言不用这种格式。

盘　龙：	（23）追倒唔曾追倒？	看倒唔曾看倒？
铁　佛：	（23）攃倒唔曾攃倒	看倒唔曾看倒？
响　石：	（23）追倒唔曾追倒	看倒唔曾看倒？
冷　家：	（23）攃倒唔曾攃倒？	看倒唔曾看倒？

综上，"VP-neg""V-neg-VP"是四川客家方言和四川官话共常用的反复问句类型，但铁佛、响石、冷家和乐兴客家方言没有"VP唔"式。此外，"VP-neg-VP"使用率也比较高，也有"VP-neg-V""VO唔V"（食酒唔食），但不太常用。从反复问句所用的否定词来看，四川客家方言除保留"唔""唔曾"外，盘龙、响石、石板滩客家方言还保留了否定词"冇

（得）",而铁佛、冷家和乐兴客家方言没有否定词"冇","冇"表示的意义已被官话"没得"或"没"所取代。

第五节　能性述补结构

李宗江（1994）指出汉语从古到今表示动作可能性都有两种主要方式，即词汇的"可能动词＋动词"的方式，以及句法的表示可能意义的述补结构。表示可能意义的述补结构学界称之为"能性述补结构"，四川官话常用能性述补结构来表达能性范畴，而少用"可能动词＋动词"的方式，身处官话包围圈的四川客家方言能性述补结构使用频率也较高。本节考察四川客家方言能性述补结构（历时与共时）的类型与特点。

1　V 得/唔 C

普通话"V 得/不 C"主要用来表达"由于受主、客观条件的限制，不能去实现某种结果或趋向"（刘月华1980），"V 得/唔 C"在四川客家方言里都有分布。例如：

盘　龙：（1）听得［teʔ⁵¹］倒听唔［m̩²¹⁴］倒。听不倒听得倒。

　　　　（2）企得□［hɔŋ⁵¹］来企唔□［hɔŋ⁵¹］来。站得起来站不起来。

石板滩：（1）听得［tɛʔ³］倒听唔［m̩¹³］倒。

　　　　（2）企得□［hɔŋ⁵³］来企唔□［hɔŋ⁵³］来。

铁　佛：（1）听得［tɛʔ³］倒听唔［m̩³¹］倒。

　　　　（2）企得上来企唔上来。

响　石：（1）听得［te³¹］倒听唔［m̩¹³］倒。

　　　　（2）企得□［hɔŋ⁵¹］来企唔□［hɔŋ⁵¹］来。

冷　家：（1）听得［tɛ²¹］倒听唔［m̩²¹］倒。

　　　　（2）企得起来企唔起来。

乐　兴：（1）听得［tɛʔ⁵］倒听唔［m̩²¹］倒。

　　　　（2）企得□［hɔŋ¹³］来企唔□［hɔŋ¹³］来。

普通话里"V 得 C"可以和"能"共现，即有"能 V 得 C"的形式，盘龙、石板滩等方言点也有分布。例如盘龙客家话"能企得上来""能看得倒"等，但不常用。

2 V 得/唔了

"V 得/唔了"在响石、冷家和乐兴客家方言里，"了"可以是实义动词，表示完、尽等结果义。例如普通话"吃得/不完"，乐兴客家方言是"食得/唔了〔liau⁵³〕"。"V 得/不了"结构中语义虚化的"了"，赵元任（1979：210）称为"傀儡补语"，柯理思（2001）称为"虚补语"。

"V 得/唔了"表可能义在四川客家方言里并不是每个点都有分布，被调查的客家方言点中，铁佛、冷家、乐兴常用此句式。例如：

> 铁　佛：(3) 明日偓没得事得，<u>来得了</u>〔niau⁵³〕。明天我没有事，能来。
>
> (4) 佢病好了，<u>下得了</u>床。他病好了，能下床。
>
> (5) 辣椒紧倒<u>红唔了</u>。辣椒老是不红。
>
> (6) 底条猪光食好个，喂到过年都<u>肥唔了</u>。这条猪只吃好的，养到过年都肥不了。
>
> 冷　家：(3) 明日偓没得事（得），<u>来得哩</u>〔ni²¹〕。
>
> (4) 佢病好哩，<u>下得哩</u>床。
>
> 乐　兴：(3) 明日偓没得事，<u>来得了</u>〔liau⁵³〕。
>
> (4) 佢病好了，<u>下得了</u>床。
>
> (5) 番椒紧倒<u>红唔了</u>。
>
> (6) 底个猪光食好个，喂到过年都<u>肥唔了</u>。

以上例句也可用"V 得/唔倒"替换，而盘龙、石板滩和响石客家方言不用"V 得了"表可能义，而用"V 得/唔倒"来表示。冷家客家方言不用"V 唔了"格式，例(5)(6)中的"V 唔了"用"唔 V"来表示，如"唔红""唔肥/唔得肥"格式。此外，冷家的"了〔niau⁴¹〕"是实义动词，作补语表示"完、尽"之义，当"V 得了"表示可能义时，"了"语音为〔ni²¹〕，写作"哩"，和完成体助词同形。

肯定式"V 得了/哩"还可表示"应该 V 了"或"必须 V 了"之意。例如：

盘　龙：(7) 天爱晏唠，归得了［$liau^{31}$］。天快黑了，应该回家了。

(8) 佢两打两十岁，做得了。他二十岁了，应该干活了。

(9) 嫽欸咁门久，走得了。玩了这么久，应该走了。

石板滩：(7) 天爱晏了，转得了［$niau^{31}$］。

(8) 佢两打两十岁，做得了。

(9) 嫽欸咁门久，走得了。

铁　佛：(7) 天爱夜哩，归得了/哩。

(8) 佢两打两十岁，做得了/哩。

(9) 嫽欸咹久，走得了/哩。

响　石：(7) 天爱晏啰，归得啰［no^{33}］。

(8) 佢两打两十岁啰，做得啰。

(9) 嫽哩咁久，走得啰。

冷　家：(7) 天爱晏哩，归得哩。

(8) 佢二打二十岁，做得哩。

(9) 嫽撇咁久，回得哩。

乐　兴：(7) 天爱晏了，归得了。

(8) 佢二打二十岁，做得了。

(9) 嫽撇咁门久，走得了。

表“应该V”之意的“V得了/哩”和表可能性的“V得了/哩”同形，要区分它们只能依据语境加以辨别。

3　V得/唔得

“V得/唔得”结构中是用“得”或“唔得”做补语。例如：

盘　龙：(10) 梨子搁得［$teʔ^{51}$］，枇杷搁唔得。梨子可以搁一搁，枇杷不能搁。

(11) 屁股生疮，坐唔得。屁股长疮，不能坐。

(12) 桃子还唔曾长红，摘唔得。桃子还没有长红，不能摘。

(13) 底个板凳净个，坐得。这条板凳干净，可以坐。

(14) 佢食得累得，唧门有毛病。他能吃能累，哪里有病呢。

石板滩：(10) 梨子搁得［$tɛʔ^{3}$］，枇杷搁唔得。

（11）屁股长疮，<u>坐唔得</u>。

（12）桃子还唔曾长红，<u>摘唔得</u>。

（13）底张板凳光净，<u>坐得</u>。

（14）佢<u>食得做得</u>，啷门子有病。

铁　佛：（10）梨子<u>搁得</u> [tɛʔ³]，枇杷<u>搁唔得</u>。

（11）屁股长疮，<u>坐唔得</u>。

（12）桃子还唔曾长红，<u>摘唔得</u>。

（13）底个板凳净个，<u>坐得</u>。

（14）佢<u>食得做得</u>，啷门子有毛病。

响　石：（10）梨子<u>搁得</u> [te³¹]，枇杷<u>搁唔得</u>。

（11）屁股生疮，<u>坐唔得</u>。

（12）桃子还唔曾长红，<u>摘唔得</u>。

（13）解条凳子光净个，<u>坐得</u>。

（14）佢<u>食得做得</u>，奈样有病。

冷　家：（10）梨儿<u>放得</u> [te²¹]，枇杷子<u>放唔得</u>。

（11）屁股长疮，<u>坐唔得</u>。

（12）桃子还唔曾长红，<u>摘唔得</u>。

（13）底个凳板净哩，<u>坐得</u>。

（14）佢<u>食得做得</u>，啷门子有毛病。

乐　兴：（10）梨子<u>搁得</u> [tɛʔ⁵]，枇杷<u>搁唔得</u>。

（11）沟子生疮，<u>坐唔得</u>。

（12）桃子还唔曾长红，<u>摘唔得</u>。

（13）底个板凳光净个，<u>坐得</u>。

（14）佢<u>食得累得</u>，啷门有毛病？

例（10）－（13）表示主客观条件是否容许实现某动作。例（14）表示动作者是否具备某种能力，"食得"指吃得多，"累得"指身体能抗得住劳累，"做得"指干活特别行。"V 得/唔得"是表示人某方面能力的强弱，还是表示主客观条件是否容许实现某动作行为，依据上下文语境来实现。例如：

盘　龙：（15）底个东西<u>食得</u>。这个东西可以吃。

(16) 佢好<u>食得</u>哟，一餐爱食好几碗。他好能吃啊，一顿要吃好
几碗。

例（15）"食得"的主语是指物"底个东西"，表示事物客观上具有可食
用性，例（16）"食得"所指对象是"佢"，表示佢的食量大。

4　V 得/唔成

"V 得/唔成"的"成"是比较泛化的虚补语，"V 得/唔成"表示客观条
件是否容许实现或情理上是否许可，四川官话使用得比较多。"V 得/唔成"
分布在石板滩、响石、冷家和乐兴几个点。例如：

石板滩：(17) 作业做归一了才<u>食得成</u>［tsaŋ¹³］饭。作业完成了才能
吃饭。

(18) 佢<u>打唔成</u>牌了，钱拿给老婆摸敚了。他打不了牌了，钱被
老婆拿走了。

(19) 天都爱晏了，<u>走唔成</u>了。天都黑了，走不了了。

响　石：(17) 作业做了哩正<u>食得成</u>［saŋ¹³］饭。

(18) 佢<u>打唔成</u>牌啰，钱着老婆拿去啰。

(19) 天都爱晏啰，<u>走唔成</u>啰。

冷　家：(17) 作业做好哩才<u>食得成</u>［tsaŋ³³］饭。

(18) 佢<u>打唔成</u>牌哩，钱着妇娘拿去哩。

(19) 天都夜哩，<u>走唔成</u>哩。

乐　兴：(17) 作业做起嘞才<u>食得成</u>［tsʰən²¹］饭。

(18) 佢<u>打唔成</u>牌嘞，钱着家子老婆收撇嘞。

(19) 天都晏撇嘞，<u>走唔成</u>嘞。

经调查，以上例句也可用"V 得/唔倒"替换。"V 得/唔成"除了表示客
观条件是否容许实现或情理上是否许可，冷家和乐兴客家话的"V 得/唔成"
还表达"会不会 V"，即表示是否具有某种能力。例如：

冷　家：(20) 几十岁人哩，还<u>打唔成</u>连枷。几十岁人了，还不会用连枷。

(连枷：一种农具)

(21) 底个细人子<u>走得成</u>路哩。这个小孩会走路了。

（22）佢做唔成鞋子。她不会做鞋。

乐　兴：（20）几十岁人嘞，还打唔成连枷。

（21）底个大细子走得成路嘞。

（22）佢做唔成鞋子。

5　V 得/唔来

"V 得/唔来"表示"会不会 V"，一般指动作者本身是否具有某种能力。各方言点在表示动作者本身是否具有某种能力上存在不同的语法格式。例如：

盘　龙：（23）底个水果𠊎食得来［lai²¹⁴］。这个水果我会吃。

（24）几十岁人唠，还打唔来枷子。几十岁了，还不会用连枷。

石板滩：（23）样个水果𠊎食得来［nai¹³］。

（24）几十岁人了，还打唔来连枷。

（25）细节子走得来路了。小孩会走路了。

（26）佢做唔来鞋子。她不会做鞋子。

铁　佛：（23）底只水果𠊎食得来［nai³¹］。

（24）几十岁人哩，还打唔来连枷。

（25）底只细倈子走得来路哩。

（26）佢做唔来鞋子。

响　石：（23）解只水果𠊎食得来［nai¹³］。这个水果我会吃。

（24）几十岁人啰，还打唔来□［kau⁵¹］子。几十岁了，还不会用连枷。

乐　兴：（23）底个水果𠊎食得来［loi²¹］。

（24）几十岁人嘞，还打唔来连枷。

（25）底个大细子走得来路嘞。

（26）佢做唔来鞋子。

盘龙和石板滩客家方言的"V 得/唔来"式表示的语义，都可用"V 得/唔倒"来表达，但盘龙"V 得来"使用频率远低于"V 得/唔倒"。铁佛客家方言"V 得/唔来"不能用"V 得/唔倒"替换。

冷家客家方言表示"会不会 V"，常用"V 得成［tsaŋ³³］"，也可用"V

得来"，但使用率不如"V 得成"高。冷家毗邻带官话常用"V 得成"来表示"会不会 V"。

冷　家：(25) 底个细人子走<u>得来</u>［nai²¹］路哩。

(26) 佢做<u>唔来</u>鞋子。

6　V 得/唔倒

有些"V 得/唔倒"的"倒"词义比较实，是一个比较泛化的补语，盘龙、石板滩等客家方言一致性很高，以盘龙和石板滩为例：

盘　龙：(27) 咁门远，佢都<u>看得倒</u>［tau⁵¹］。那么远，我都看得见。

(28) 放得咁门高，佢<u>拿唔倒</u>。放得那么高，我拿不着。

(29) 底间屋有咁宽，<u>摆得倒</u>两张床。这间屋很宽，放得下两间床。

石板滩：(27) 咁门远，佢都<u>看得倒</u>［tau³¹］。

(28) 放得咁门高，佢<u>拿唔倒</u>。

(29) 底间屋有咁宽，<u>摆得倒</u>两张床。

有的"V 得/唔倒"中的"倒"语义比较虚，相当于普通话"V 得/不了"的部分用法。例如：

盘　龙：(30) 一日<u>食得倒</u>一包烟。一天抽得了一包烟。

(31) 你<u>管唔倒</u>，姟子<u>管得倒</u>佢。你管不了，妈妈管得了他。

(32) 一日只<u>看得倒</u>几篇书。一天只看得了几页。

石板滩：(30) 一日<u>食得倒</u>一包烟。

(31) 你<u>管唔倒</u>，阿咪<u>管得倒</u>佢。

(32) 一日只<u>看得倒</u>几篇书。

铁　佛：(30) 一日<u>烧得倒</u>一包烟。

(31) 你<u>管唔倒</u>，妈妈<u>管得倒</u>佢。

(32) 一日只<u>看得倒</u>几篇书。

响　石：(30) 一日<u>食得倒</u>一包烟。

(31) 你<u>管唔倒</u>，姟子<u>管得倒</u>佢。

(32) 一日只<u>看得倒</u>几篇书。

冷　家：(30) 一日食得倒一包烟。

　　　　(31) 你管唔倒，阿姐管得倒佢。

　　　　(32) 一日只看得倒几篇书。

乐　兴：(30) 一日食得倒一包烟。

　　　　(31) 你管唔倒，哦呀管得倒佢。

　　　　(32) 一日只看得倒几篇书。

7　能性述补结构的分布及语义

　　能性述补结构类型及语义在四川客家方言中一致性较高，但也有细微差异。语义分类参考吴福祥（2002）的能性范畴的语义次类分类法。吴福祥把汉语的能性范畴分为 5 个语义次类：可能［能力］、可能［条件］、可能［或然性］、可能［许可］、可能［准许］。四川客家方言没有表示可能［或然性］的情况。能性述补结构分布及语义列表如下：

类型	语义	盘龙	石板滩	铁佛	响石	冷家	乐兴
V 得/唔 C	可能［能力、条件］	+	+	+	+	+	+
V 得/唔了	可能［能力、条件］	－	－	+	－	+	+
	应该或可能［准许］	+	+	+	+	+	+
V 得/唔得	可能［能力、条件、许可、准许］	+	+	+	+	+	+
V 得/唔成	可能［条件、许可、准许］	－	+	－	+	+	+
V 得/唔来	可能［能力］	+	+	+	+	+	+
V 得/唔倒	可能（能力、条件）	+	+	+	+	+	+

　　关于能性述补结构的语法化问题，学界对"V 得/不 C""V 得/不了""V 得/不得"作了深入探讨，如刘月华（1980）、柯理思（1995）、吴福祥（2002）等。关于"V 得/不成""V 得/不来""V 得/不倒"的语法化动因及历程，王春玲（2011：217 - 220）曾探讨过，四川客家方言"V 得/唔成""V 得/唔来""V 得/唔倒"的语法化动因及历程应该与此相同。

第九章　方言接触与语法演变[①]

　　客家移民入川已有 300 年左右，四川客家方言长期处于客家话和官话的双方言环境中，方言接触引发的演变结果及表现有哪些？主要有哪些演变机制？本章以四川客家方言语料为基础，同时结合闽粤客话、粤语、湘语、赣语、吴语等其它方言语料，探讨方言接触与语法演变的相关问题。

第一节　"自变"和"他变"

　　汉语方言的变化涉及到方言自身的演变分化和方言之间（甚或与其他语言）的接触，也称"自变"与"他变"。面对相同的演变过程和结果，如何判定和剥离是"自变"还是"他变"，成为研究语言或方言接触演变的首要任务。

　　探讨方言接触引发的语法演变问题，首先要判定和剥离是"自变"还是"他变"，吴福祥（2008）指出，"如果两种或两种以上的语言在形式、意义或结构等方面存在相似性，那么这类相似性的出现可能导源于下列不同的原因：（a）语言话语或历史演变的普遍原则；（b）发生学关系；（c）平行的演变或沿流；（d）语言接触导致的借用或扩散以及（e）纯粹的偶然巧合。"可见判定是否是接触引发的语法演变，需要考虑语言的或非语言的等多种因素，具体主要从以下两方面来考察。

1　方言之间的接触方式和程度

　　研究方言接触引发的语法演变，首先要考察不同方言在历史上或现在是

---

　　① 曾以《方言接触引发的语法演变》为题，发表于《西南大学学报》（社科版）2017 年第 4 期，有改动。

否有过接触，接触的方式是使用不同方言的人进行口头语言交际的直接接触，还是通过书面语或现代通讯媒体进行的间接接触，或称是"地缘接触型"还是"文化接触型"。本文涉及到的方言接触现象限于地缘接触型，即使用不同方言的人群在同一地理区域内的直接接触。相接触的不同言语社团有使用两种或多种方言的，称为"双言型"，也有只会一种方言的，称为"单言型"，"双言型"在方言交界地带和方言岛十分常见，四川客家人属于"双言型"，既会熟练使用客家话，也能熟练使用官话，在不用语言环境中，客家话和官话承担着不同的交际功能，常有语码转换。相接触的不同言语社团在方言使用上的差异对接触演变有一定的影响，因此不同言语社团方言使用情况也是考察的内容之一。

不同方言之间的接触程度会对借用的种类和等级产生影响，考察方言之间的接触程度也是必需的，托马森（2001）基于借用成分的种类和层次与语言接触的等级和强度之间的关联，概括出借用等级，接触强度越高，借用成分的种类和层次也就越多越高（吴福祥2007）。如何预测接触性演变的程度和种类，语言和社会两大因素将对预测产生影响和制约，语言因素主要包括普遍的标记性、特征可并入语言系统的程度、源语和受语之间的类型距离，社会因素主要包括接触强度和语言使用者的态度（吴福祥2007），它决定着方言的存留。虽然这是针对语言接触而言，但对方言之间的接触也是适用的。

2 从历时和共时方面进行比较与验证

确定方言里的创新是否是接触引发的演变，需要跟祖语或亲属语，以及具有接触关系的语言或方言作历时和共时方面的比较与验证。跟祖语或亲属语作历时、共时比较的目的是排除语法变异源自自身内部的演变，跟具有接触关系的语言或方言作共时比较的目的是验证语法变异是否源自外部接触。

例如四川隆昌响石和西昌黄联客家话实现体助词有"欸、哩、唠、啰"，经考察"欸"是客家话固有的语法成分，那么助词"哩""唠""啰"是方言自身内部演变的结果还是来源于方言接触？首先从历时的角度考察早期客家话文献的实现体助词是否有演变为"哩""唠""啰"的可能，然后从共时角度，对原居地闽粤客家话和毗邻官话的实现体助词进行比较，结合语音演变规律进行分析，得出助词"哩""唠""啰"的来源情况。再如林华勇

（2014）为了考察广东廉江粤语先行助词"正"的语法变异是否来源于方言接触，首先从历时的角度观察早期粤语即祖语"正"有无先行助词用法的可能，对疑似变异现象进行历时方面的比较，从而排除变异现象来自早期粤语的可能性；共时观察，对现代广州粤语进行观察，考察有无先行助词"正"，此外还要对周边客话"正"的用法进行观察、比较，证明廉江粤语"正"的先行助词用法来源于方言接触。

判定语言或方言创新是接触引发的演变的普遍规律是，假定语言 A 和语言 B 共享一种语法结构 C，若要证明语言 A 的语法结构 C 是由语言 B 对应的语法结构迁移（transfer）而来，那么至少须有证据表明语言 A 的亲属语不具有这种语法结构（吴福祥 2008），其次考察跟这种语言或方言具有接触关系的方言或标准语是否具有语法结构 C。要考察四川客家话名词重叠 AA 式、被动标记"着"、结构助词"哩"或儿化现象等是否源自方言接触，首先要考察四川客家话原居地闽粤赣客话是否具有这个语法特点，其次再和具有接触关系的西南官话作比较。通过比较分析，判定和验证出某语法现象是方言的自我创新还是接触引发的演变。

第二节　接触引发的语法演变结果及表现

考察接触引发的语法演变，先要厘清复杂多样的相关术语，否则在一定程度上会影响对接触演变的准确解释。

1　接触演变的相关术语

1.1　"源语""受语"等相关术语

目前学界对相互接触的语言或方言称法有多种，借出语言成分的一方称作"源语（source language）"，借入语言成分的一方称作"受语（recipient language）"，"源语"和"受语"分别和"施借方言"和"受借方言"（胡松柏 2009：505）所指等同。此外还有"上层方言"和"下层方言"（陈保亚 1999：432）的说法，从双语或双方言来看，"上层方言"是供语，"下层方言"是受语，还有的称作"权威方言"和"地方方言"（王洪君 2006）、"基础方言"和"接触方言"（徐荣 2012：23）。

尽管以上术语各不相同，但所指对象基本相同，即"源语""施借方言""上层方言""权威方言""基础方言"都指施借一方，"受语""受借方言""下层方言""地方方言""接触方言"指受借一方。本文考察对象是汉语方言之间接触引发的演变，因此分别采用"源方言"和"受借方言"来指称。

1.2　接触演变过程的常用术语

语言或方言接触引发的演变过程，学界有"迁移""扩散""借用""复制""感染"等术语，这些术语所指是否相同？关于"迁移（transfer）"（吴福祥2007），有的语言学家用这个术语指第二语言习得中母语干扰的过程，有的语言学家指任何跨语言的影响过程（van Coetsem 1988，Sankoff 2001，Heine and Kutava 2005）。接触演变中的"扩散"实指"迁移"，不过目前学界普遍把语言特征由一种语言并入到另一种语言的过程称作"借用（borrowing）"，也称"借贷"（陈保亚1996：9），二者没有本质区别，"借用"是针对受借方来说的，包括语音借用、词汇借用和句法借用（游汝杰2004：164-166）。"迁移""借用"和"扩散"均指接触导致的语言演变过程，本文采用学界普遍使用的"借用"术语来指称这一过程。

有别于"迁移""借用"的是"复制"，Heine & Kuteva（2005、2007、2008）对"复制"的界定（吴福祥2013）是：复制指的是复制语的使用者利用自己语言里可得到的语言材料，仿照模式语的特定模式，在其语言里产生出一种新的意义或结构。"复制"类似于"感染"（李如龙2013），是某种语言特征或结构上的模仿和趋同，王洪君（2014：257）称作"系统感染"，"系统感染"指各个民族的词汇会互相大量借用，音系和语法上也会相互感染而趋同，其结果是一片区域内的若干语言在语音、语法结构类型上都十分相似。可见"复制"和"感染"不是语言成分的直接借用。

2　接触引发的语法演变结果及表现

接触引发的语法演变结果，是指由语言或方言之间的接触诱发和导致的，在受借方言系统发生了不同程度或不同方式的改变，方言语法成分包括语法材料和语法规则，方言特有的语法材料和语法规则构成方言语法特征（胡松柏2009：545）。本节主要以四川客家话和西南官话接触引发的语法演变为例，再辅以其它方言点的语料。

2.1 语法成分的替代

语法成分的替代指受借方言系统中固有成分被借用成分所替代，这种大多见于虚词和构词法。比如成都话先行体助词有"哆［to⁵⁵］"，黏附在句末，构成"VP 哆"结构，这种结构在四川境内的官话里分布很普遍。先行体助词用于未然事态的祈使句或陈述句末，对未然事态作出积极意义的安排，希望暂且先进行某个动作或事情，然后再做别的事情。

重庆盘龙、成都石板滩、凉水井、洛带等客家方言点也有"VP 哆［to⁴⁵］"结构，表义和成都话相同，如：

> 重庆盘龙：看欻电视哆。看了电视再说。
>
> 　　　　　拿桌子抹光净哆。先把桌子擦干净再说。
>
> 成都石板滩：把碗底背个饭食完哆。先把碗里的饭吃完了再说。
>
> 　　　　　　喝兜子开水哆。先喝点儿开水再说。

闽粤赣客话表先行义结构，粤西廉江客话（林华勇 李雅伦 2014a）、广东的新丰、中山、惠州、紫金等地客话都多用"正"（柯理思 2002），例如：

> 廉江吉水（林华勇 李雅伦 2014a）：你等一阵正。你先等一下。
>
> 广东紫金（柯理思 2002：346）：先放等正，明朝日正洗。先放着，明天再洗吧！
>
> 江西上犹（柯理思 2002：350）：你吭要走正。你暂且不要走。

广东丰顺和福建连城客家话多用"VP 先"表达，如：

> 丰顺（黄婷婷 2009：142）：等佢转来先。等他回来再说。
>
> 连城（项梦冰 1997：430）：我洗浴先。我先洗澡。

四川客家话没有上述闽粤客话先行助词"正"或"先"，而分布普遍的"VP 哆"却在四川以外的客家话中未发现有分布，因此可以说四川客家话固有先行体助词"正"或"先"已被官话助词"哆"所替代。

结构助词"个"是客家话固有结构助词，现四川多个客家方言点及闽粤赣客话都存在"个"的结构助词用法，受西南官话影响较大的邻水客家话今已无结构助词"个"，被源自西南官话结构助词"哩"所替代。

除了虚词方面的替代，构词法方面也出现了替代现象，例如四川客家话中表示雌雄家畜的固有语序是"动物名称＋性别词（鸡公｜鸡嫲）"式，但铁佛和冷家客家话称谓"狗""猫""猪"等已采用同西南官话一致的"性别词＋动物名称（草狗｜豭猪）"式，出现了"动物名称＋性别词"被"性别词＋动物名称"部分替代的现象。广西资源话（龚娜 罗昕如 2010）中表示雌性家畜时采用"名词性语素＋表性别的语素"的构词法，如"牛婆""狗婆"，与湖南湘语说法相同；而表示雄性家畜时采用的则是"表性别的语素＋名词性语素"的构词法，如"公牛""公狗"，与桂林话、普通话说法相同，而与湖南湘语不同。可见桂北湘语的构词语序逐渐被桂林话、普通话的语序所替代。

2.2　语法成分的增加

语法成分的增加指受借方言系统通过接触引发的演变增加了新的语法特征。比如四川客家话名词重叠数量丰富，和闽粤客话差异大，究其原因是语法复制的结果。AA 名词重叠式在西南官话分布很普遍，喻遂生（1988）考察了重庆话名词的重叠构词法，指出 AA 式重叠是重庆话名词复音化的一般性构词手段，从总体上说，只有名词才有这种构词手段，非名词 AA 式重叠后即变为名词。张一舟、张清源、邓英树（2001：34 - 41）对成都话的名词重叠式、王春玲（2011：28 - 31）对四川西充方言的名词重叠式也作了较深入的调查。以上研究结果显示，名词重叠 AA 式数量丰富是西南官话一个显著的语法特征。西南官话名词重叠构词法是否对毗邻客家话产生影响？黄雪贞（1986）把成都市郊龙潭寺客家方言的重叠式与闽粤客话加以比较后得出结论："闽粤客话的重叠式较少，就永定说，只有'红通通 fuŋ¹¹ tʰuŋ⁵⁵ tʰuŋ⁵⁵，慢慢行 man³⁵ man³³ haŋ¹¹'等格式。西南官话重叠式丰富多样。龙潭寺客家方言受成都官话的影响，重叠式较多。"如福建连城客家话（项梦冰 1997：24 - 25）的名词不能自由进行单纯重叠，只有少数名词可以，但重叠式都不能单用，必须两两组合才成为一个自由形式，如"肠肠肚肚、疾疾病病"等；江西客家方言（刘纶鑫 2001：293）和福建宁化客家方言的名词也没有重叠式，没有"羊羊、索索、桥桥"之类的说法。

由此看来，与闽粤客话相比，四川客家话名词重叠式数量丰富，显然不是自身固有语法特征，即不是 300 年前远徙四川带入的，因此不会是方言自变的结果。四川客家话丰富的名词重叠式是在与官话密切接触下，受官话的影响和渗透产生了 AA 式名词重叠这种语法模式，是语法复制机制使四川客家话增加了新的语法特征。构式拷贝指一个语言（复制语）仿照另一个语言（模式语）的模式，用自身的语言材料构建出与模式语对等的（形态/句法/话语）结构式（吴福祥 2014）。例如"罂、痭、瘭、崒、镬"（兰玉英 蓝鹰 曾为志等 2015：287－288）是四川客家话特有语素，毗邻带官话没有，在构式拷贝机制下，四川客家话利用自身语料复制出与官话对等的重叠式"罂罂_{罐子}｜痭痭_{蚊虫等咬起的小疱}｜瘭瘭_{身上长的小疱}｜崒崒_{山顶}｜镬镬_锅"。有些基式 A 是官话和客家话共有语素，但表同一事物使用了不同的 AA 式。例如：

> 官　话：巅巅_{植物的末梢}｜米米_{核儿}｜面面/粉粉_{粉末儿}
>
> 客家话：尾尾_{植物的末梢}｜骨骨_{核儿}｜末末_{粉末儿}

此外，在四川官话方言点，量词普遍存在"A 打 A"和"A 把 A"式，"A 打 A"强调每一、遍指，表示主观大量，"A 把 A"表示主观小量，如"顿打顿｜捆打捆｜件把件｜角把角"。量词"A 打 A"和"A 把 A"式在四川客家话也有大量分布，表义和官话一致，客家话用自身量词语素构建出与官话对等的重叠式，如"餐打餐｜次把次"。四川客家话仿照官话的重叠模式，利用自身语料构建出对等的模式，其词形既不同于四川境内的官话，也不是方言自身内部演变的结果。

受西南官话的影响，四川部分客家方言点增加了否定词"没（有）"和"没得"、持续体标记"起""倒起"及儿化词等。持续标记如铁佛、冷家客家话：镬头煮起饭哩_{锅里煮着饭的}｜黑板上写起字哩_{黑板上写着字的}。儿化词方面，兰玉英等指出四川各客家方言点都有相当程度的儿化现象（兰玉英、蓝鹰、曾为志等 2015：201），例如：摸哥儿［mo⁴⁵kər⁴⁵］_{扒手}｜拖板儿鞋［tʰo⁴⁵pər⁵³xai¹³］｜洋马儿［iɔŋ¹³mər⁴⁵］｜阴凉坝儿［in⁴⁵niɔŋ¹³pər⁵³］｜广柑儿［kuaŋ⁵³kər⁴⁵］｜胡豆儿［fu¹³tʰər⁵³］。《华阳凉水井客家话记音》文本材料中，只有"老官儿［nau⁵³kuər⁵⁵］_{姘夫}"（董同龢 1956：158）一个儿化词，近些年来儿化词有增多的趋势，这些增加的语法成分都源自于西南官话。

2.3　语法成分的融合

语法成分的融合指方言接触过程中，一方借用另一方的语法成分与自身语法成分共同构成一个新的语法形式，即新产生的语法形式的构成要素分别来自不同的方言。融合方式在合璧词上表现较为常见，如陈秀琪（2006）考察了台湾诏安客家话，崙背客话的"寻著_{找到}｜听著_{听到}｜寒著_{受寒}"的"〜著"和闽南话一致，却和南兴、四县客话不同，陈秀琪指出崙背的"著"，明显是受了崙背地区闽南话的影响，借入成分"著"和固有成分构成合璧词。

成都石板滩和资中铁佛客家话人称代词的复数标记"们［mən］"和毗邻带官话相同，是不是来自官话？笔者据现有文献资料考察了梅县、连城、丰顺、平远、五华、清溪、宁化等多个客家方言点，这些客家方言点的复数形式是"〜等"或"〜兜""〜等人""〜兜人""〜多人""〜侪"等。福建长汀客家话复数形式是"〜侪们［ɕtsʰimeŋ⁰］"，连城新泉客家话复数形式是"〜侪［ɕtsʰi］"。"侪"是长汀客家话原有复数标记，后来受官话标记"们"的影响，出现了两个历史层次复数标记的叠加式"〜侪们"，这种叠床架屋的复数标记证明四川客家话复数标记"们"来自官话。客家话在和官话接触过程中，人称代词的词根未发生任何变化，而复数标记易于发生变化，固有复数标记被官话复数标记"们"所替代，即四川客家话人称代词复数形式"偃们、你们、佢们"是固有成分"偃、你、佢"和借自官话成分的"们"融合构成的新词。

四川客家话指称事物小，一般在前面加上"细"，如"细狗｜细鸡｜细碗｜细西瓜"，儿化词在西南官话分布普遍，西昌把"小马""小羊羔"分别说成"细马马儿""细羊羔儿"，"马马儿""羊羔儿"是来自西昌四外话的说法，"细马马儿""细羊羔儿"是客家话和官话成分的融合。"细"和儿化词都表小称，"细马马儿""细羊羔儿"是方言融合造成了小称形式的叠加。

赣东北吴语和赣语接触后，在吴语郑坊话里出现了融合式方言语法成分（胡松柏2009：548）。如下表所示：

赣东北方言点"了₁""了₂"的语法形式

	郑坊话（吴语）	广丰话（吴语）	玉山话（吴语）	横峰话（赣语）	弋阳话（赣语）
了₁	［lə⁰］	［ŋ⁰］	［ŋ⁰］	［lo⁰］／［pə⁰］	［lo⁰］
了₂	［lə⁰pə⁰］	［pə⁰］	［pə⁰］	［lo⁰］	［lo⁰］

同样是吴语，由于郑坊话处在与赣语相接的前沿，在表达北京话"了₂"相当的语法意义时，固有成分［pə⁰］和借自赣语的成分［lə⁰］合二为一构成一个双音节复合的融合方式方言语法成分，即［lə⁰pə⁰］。

语法成分的融合还有一种情况是，同一句中某些连用或非连用的语法成分分别来源于不同方言。例如盘龙和石板滩客家话"V 欸［he⁴⁵/hɛ⁴⁵/ɛ⁴⁵］哆［to⁴⁵］／V 欸 N 哆"（拿衫洗<u>欸哆</u>先把衣服洗了再说｜食<u>欸</u>饭哆先吃了饭再说），"欸"是客家话固有特色词，表示动作或变化的实现；助词"哆"借自官话，即"V 欸哆／V 欸 N 哆"里的"欸"和"哆"分别来自不同的方言语法系统。

2.4　语法成分的叠置

"叠置式音变是从音系入手来考虑系统的叠置，但叠置式音变在方法论上的意义远远不限于音系的叠置。语言各层面的系统都存在叠置的可能，语法层面也不例外"（陈保亚 1999：453－454）。语法层面的叠置指方言借用某语法成分后，固有的同义语法成分并没有退出，借用成分和固有成分构成叠置，叠置涉及的范畴类别有助词、介词、副词等。

四川多个客家方言点被动标记"分"和"着"共存，可自由替代。客家话表被动的固有标记是"分［pun］"（何耿镛 1993：73），广东梅县、五华、丰顺及福建的永定、连城等闽粤客话都分布有被动标记"分"，四川境内的官话最常用的被动标记是"着"。屈哨兵（2008：72－73）考察方言被动标记后指出，"着"分布在西南、西北、华北、华中地区，即主要分布在北方方言区，部分湘语点也有分布，根据目前文献资料，未发现福建、广东客家话有被动标记"着"。综上可推知四川客家话被动标记"着"不是固有语法成分而借自官话。试比较：

四川客家话和官话被动标记"着""分"的分布情况

客家话						官话	
盘龙	石板滩	凉水井	洛带	铁佛	冷家	成都	重庆
着	着	着	着	着	着	着	着
［tsau²¹⁴］	［tsau¹³］	［tsau¹³］	［tsau¹³］	［tsau³¹］	［tsau²¹］	［tsau²¹］	［tsau²¹］
分	分	分	分				
［pən⁴⁵］	［pən⁴⁵］	［pən⁴⁵］	［pən⁴⁵］				

由上表得知，四川客家话和官话共有被动标记"着"声韵相同，且都是

阳平调，语音按音值借，即把官话"着"的语音形式折合为与客家话音系最为相近的形式后连音带义一起借进来。四川客家话借贷了官话被动标记"着"后，固有形式与借用形式展开竞争，竞争有一个此消彼长的过程，在此过程中，语法系统中的借贷成分与固有成分形成叠置，如盘龙、石板滩、凉水井和洛带客家话。

由于各客家方言点演变进程不一，通过某语法成分在不同方言点的分布，可观察到借用成分和固有成分形成叠置的动态演变过程。成都石板滩、资中铁佛等客家话结构助词"个""哩"也构成同义语法成分的叠置，如"佢屋家个［kɛ⁵³ᐟ³¹］/哩［ni⁵³ᐟ³¹］鸡他家的鸡（石板滩）｜你个［kɛ⁴⁵］/哩［ni³¹］书你的书（铁佛）"。"个""哩"自由替换而表义无别，"个"是客家话固有结构助词，"哩"借自官话，"个""哩"在不同客家方言点的分布如下所示：

结构助词"的"的语法形式的分布情况

梅县 （林立芳1999）	盘龙	乐兴	石板滩	铁佛	冷家	成都 （官话）
个［kɛ⁵²］/［ɛ⁵²］ 欸［ɛ²²］	个［ke⁵¹］	个［kɛ³³］	个［kɛ⁵³ᐟ³¹］ /哩［ni⁵³ᐟ³¹］	个［kɛ⁴⁵］ /哩［ni³¹］	哩［ni²¹］	哩［ni²¹］

差不多同一时期入川的客家话，在借用官话结构助词"哩"方面却分为三个发展阶段：

第一阶段：仍保留了固有结构助词"个"，至今未借用官话结构助词"哩"，如盘龙和乐兴客家话。

第二阶段：既保留了固有结构助词"个"，同时借用了官话结构助词"哩"，固有成分和借用成分形成叠置，如石板滩和铁佛客家话。

第三阶段：固有结构助词已经消失，被官话结构助词"哩"所替代，如冷家客家话。我们推测冷家已经走完了"个""哩"的叠置阶段，其结果是被官话"哩"所替代。

胡松柏（2009：552－553）调查赣东北方言，指出"凑"是赣语性质的语法成分，"添"是吴语和徽语的共有语法成分，"凑"和"添"相当于普通话"再"的表示追加、继续的加量补语成分。在方言接触中，赣东北吴语和赣东北徽语由于受赣语影响，接受了赣语固有的语法成分"凑"，并与方言固有的"添"构成语法成分的叠置。

赣东北方言"添""凑"的叠置

广丰话（吴语）	玉山话（吴语）	德兴话（徽语）	婺源话（徽语）
添/凑	添/凑	添/凑	添/凑

除了虚词常有叠置现象，句式也能构成叠置，例如桂北湘语（罗昕如 刘宗艳2013）的全州才湾、兴安城关、灌阳城关、资源城关等方言点，能性述补结构"V 得/不 C"带宾语的语序有 A 类（V 得 OC/VO 不 C）和 C 类（V 得 CO/V 不 CO）两种，A 类是湖南境内湘语早期的一种占优势的语序，桂北湘语都保留了早期的 A 类句式，而 C 类句式则源自距离最近接触最直接的桂林官话的扩散影响，即桂北湘语 A、C 两类并存是固有成分和借用成分叠置的结果。总之，叠置是由于方言接触引发的常见语法演变方式，其演变方式是竞争，最终借用成分挤掉固有成分，完成替代过程。

此外，借用成分和固有成分的叠置阶段，在使用上往往存在着老派和新派之别，老派较多使用固有成分，新派较多使用借用成分。如四川客家话固有结构助词"个"多为老年人使用，来自西南官话的结构助词"哩"多为年轻一代使用。南昌话人称代词的复数形式（袁家骅1983：142）两套，一套标为 A 式（我□哩），一套标为 B 式（我们）（彭晓辉2010），A 式是南昌话固有的人称代词的复数形式，老派使用多；B 式是受普通话影响产生的复数表达形式，新派使用多，由此可见"我□哩"是方言固有的，"我们"是后起的、借用的。

第三节 接触引发的语法演变特点

由于不同方言点在地理交通、使用人口、经济条件等方面存在较大差异，致使各方言接触强度不同，不同的接触强度使相同方言在语法演变方面呈现出不同的历史层次，通过历史层次可观察到接触引发的语法演化特点，下面以四川客家话为例。

1 同义语法成分中，使用最普遍的语法形式容易被借用

上文考察了四川客家话的被动标记"着"借自官话，而官话被动标记有

多种形式共存，除"着"外，还有"拿给""给""叫"，但在客家话里，没有发现被动标记"给""叫"，"拿给"虽然有用作被动标记，但使用频率远远不如"着"高，调查过程中，发音人最常用的是"着"，只有在特别提醒的情况下，发音人才会说可以用"拿给"替换。究其原因，"着"与"拿给""给""叫"等同义成分相比，使用最普遍，"着"用作被动标记，是官话一个显著特征，方言接触过程中，源方言的语法特征能否被受借方言所接受，取决于该语法特征在同义成分中是否占优势。

再例如四川客家方言的处置式比较丰富，处置标记有"拿""把""撩[nau⁴⁵]"（拿/把/撩衫取转来 把衣服取回来）。闽粤客话处置式却不太丰富，据李如龙、张双庆（1992：441）调查，"把饭吃了"在 17 个被调查的客家方言点中有 13 个不用处置句表达，而换成一般的陈述句或祈使句。福建连城客家话的处置句也很不发达，在日常的口语里很不容易听到。尽管如此，根据现有文献资料，客家话处置标记主要有下表所示的语法形式：

客家话处置标记

方言点	处置标记
四川盘龙	拿 [la⁴⁵]、把 [pa³¹]
广东丰顺（黄婷婷 2009：34）	和 [ʋo⁴⁴]、佮 [ka²¹]、捉 [tsok²]、拿 [na⁴⁴]、捞 [lo⁴⁴]
广东梅县（温昌衍 2006：177）	将、将把
香港新界（庄初升 黄婷婷 2014：229）	摸 [lau¹]、将 [tsyon¹]、捉 [tsuk⁶]
福建永定（李小华 2014：54－58）	将 [tsioŋ³³]、将把 [tsioŋ³³pa⁵²]、拿 [la³³]、得 [tɛʔ²]
福建宁化（张桃 2004：243）	将 [ˬtsioŋ]、帮 [ˬpoŋ]
福建连城（项梦冰 1997：420）	将 [tsia³³]

从上表看，闽粤客话没有处置标记"把"，梅县和永定客话"将""把"连用一起表达处置式。与"将"字处置式相比，总的说来，永定'将把'处置式出现的频率较低……所有的"将把"句都可省略其中的"把"，换成"将"字句。四川客家话周边官话点都有处置标记"将、把"，四川客家话处置标记"把"借自周边官话，不可能是受普通话"把"字句的影响，因为同时熟练操用官话和客家话的人多是中老年，他们文化程度低，很少外出，受普通话的影响微乎其微。"将"和"把"同为官话处置标记，但"把"要常

用得多，客家话借用了官话最普遍的处置标记"把"。

2　语法成分的借用有由句末向句中扩展的趋势

"唔"是客家话固有否定词，如"食饭唔吃不吃饭？｜唔看电视不看电视"，毗邻官话相应的否定词是"不"，如"吃饭不？｜不看电视"。调查盘龙客家话时，发音人主动告诉笔者，"不"是"湖广人（四川人）"说的，我们说"唔"。发音人对"不""唔"分得很清楚，尽管如此，否定词"不"已借用到西昌黄联客家话里，但目前"不"只能位于句末，构成正反问格式"VP 不 [po³¹⁻⁵³]"格式，例如："去看电影（去）不｜你还记得倒不｜搞得赢不"。黄联使用客家话的群体均是"双言"者，除了会客家话，还会"四外话（官话）"，黄联客家话的"不"借自官话"[po³¹]"。虽然客家话句末位置出现了否定词"不"，但句中位置的否定用法还是由"唔"担任，即动词、形容词前不用"不"来否定（兰玉英 蓝鹰 曾为志等 2015：315 – 316），如"唔走｜唔胖｜唔红"。可见，当借用成分进入受借方言，句末位置最易受影响，随着方言接触程度的加深，否定词"不"可能将扩展到句中位置。

再例如四川、重庆客家话固有的典型实现体助词是"欸 [hɛ⁴⁵/ɛ⁴⁵]"，官话表实现义的常用助词是"唠 [nau³¹/lau³¹]"或"啰 [no³¹/lo³¹]"。在方言深度接触下，荣昌盘龙、隆昌响石、西昌黄联客家话分布有实现体助词"唠"，而盘龙"唠"只能位于句末，句中仍使用客家话固有助词"欸"来表示动作的实现和完成，如"佢挖欸三行唠他挖了三行了"，即盘龙客家话句末"了₂"位置被"唠"所取代，句中"了₁"位置仍沿用固有助词"欸"。黄联客家话由于受官话影响较深，助词"唠"则既可位于句中，也可位于句末，如"食唠饭再去吃了饭再去｜喝欸茶唠"。再例如隆昌付家和响石客家话均有实现体助词"啰"，和毗邻官话一致，但响石的体助词"啰"目前只用于句末，如"侤子考上大学啰儿子考上大学了"，而付家的体助词"啰"也常用于句末，但已出现用于句中的现象，如"食啰饭要慢慢子走"。

关于实现体助词"了"的产生，吴福祥（1998）在前人研究基础上，概括出完成体助词"了"的句法位置的变化，"动 + 宾 + 了" > "动 + 了 + 宾"，"了"经历了从句末移到句中动词后的过程。根据实现体助词"唠""啰"在客家话中的意义及句法分布，结合方言接触强度进行比较，推测四川客家话助词"唠""啰"也经历了一个由句末向句中扩展的过程，"唠""啰"的读音和意义和毗邻官话相同，由于入川时早期客家话文献缺乏，二者是否一定来自官话，有待深入论证。

3　同一语法形式的多功能用法不是同时借用或退出

余霭芹（1997：258）通过考察北京话、闽南话、粤语的中性问句的接触演变过程，提出了二维"竞争演变"观点，即一种形式或新模式进入语言并走它自己逐渐胜利的道路，与此同时旧形式或旧模式也独立地走它自己逐渐消失的道路，当旧形式或旧模式退却时，它可能是首先从熟悉、常用的词项退出，或者从不熟悉、不常用的词项退出。通过考察四川客家话的多功能语法形式，发现在其接触演变过程中，多功能用法在借用或退出时并不同步。如"拿分""分"是客家话固有特征词，有动词和被动标记两种用法，当"拿分""分"受到来自官话同义成分的压力时，借用成分和固有成分展开竞争，我们通过下表可观察到"拿分"和"分"的分布情况。

四川客家话"拿分""分"的分布

	被动标记		动词（"拿"义）	
	拿分	分	拿分	分
盘龙	+	+	+	+
石板滩	+	+	+	+
乐兴	−	−	−	+
付家	−	−	+	+
冷家	−	−	−	−
铁佛	−	−	−	−

"拿分""分"在盘龙和石板滩客家话里保存较好，乐兴和付家客家话只保留了动词用法，冷家和铁佛的"拿分""分"已经完全从客家话系统里退出。通过"拿分""分"在不同方言点的共时分布情况，可构建出客家话"拿分""分"的动态演变过程，"拿分""分"率先从被动标记用法退出，最后退出的是动词用法，退出路径是：介词→动词。

官话否定存在、领有以及动作行为的发生、完成义的语法形式"没（有）"有动词和副词两种用法，客家话相应的否定形式有"冇得"和"唔曾"，部分客家方言点的否定形式和官话相同，如下表所示：

四川境内官话和客家话的否定形式

	副词		动词	
	唔曾	没（有）	冇（得）	没（有）/没得
成都	−	+	−	+
重庆	−	+	−	+
乐兴	+	+	−	+
冷家	+	+	−	+
铁佛	+	+	−	+
盘龙	+	−	+	−
石板滩	+	−	+	−

虽然"没（有）"具有动词和副词用法，但首先在动词用法上取得优势地位，表现在乐兴、冷家、铁佛客家话里，新成分"没（有）/没得"已完全取代固有成分动词"冇得"。而"没（有）"的副词用法虽然被冷家和乐兴客家话借用，但目前处于和固有成分"唔曾"并存的竞争状态。盘龙和石板滩目前仍保留了客家话固有否定成分，尚未借用官话相应的否定成分。可见，多功能语法形式借用或退出时，其不同用法并不是同一时间共进退。

第四节　语法演变机制及动因探讨

吴福祥（2014）在 Heine 和 Kuteva（2003、2005、2006、2007、2008）的基础上，对接触引发的语法演变机制作了修正和完善，模型见图1。

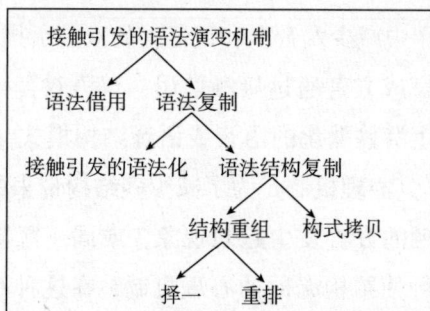

图 1　接触引发的语法演变机制模型

这些语法演变机制模型的构建一般基于不同语言之间的材料得出的，吴福祥就中国境内语言（南方民族）的材料，对语法演变机制作了深入的研究。不同语言或方言之间存在语序和虚词差异，例如结构重组机制包括择一和重排。"重排"主要针对语序来说的，而汉语方言之间语序大多一致，如基本语序都是 SVO，领属结构式语序只有 G－N（我的书）一种，处所介词短语的语序也只有 PP－V（在家里看书）一种模式，因此汉语方言接触中"重排"机制诱发的语法演变较为少见，方言接触引发的语法演变机制主要有"语法借用""接触引发的语法化"和"构式拷贝"。

1　语法借用

"语法借用"指一个语言（源语）的语法语素（语法性的音－义单位）迁移到另一语言（受语）之中（吴福祥 2013），即｛源语→受语｝，"借用"是方言之间接触引发的常见语法演变机制，借用的语法语素主要表现在虚词的借用上，然后是结构和句式。四川客家话直接借用了大量的官话虚成分"着""哩""起"及否定词"不""没得"等，结构或句式的借用如闽南话、粤语的中性问句"V－不－V"借自官话（余霭芹 1997：260－266）；上海方言（钱乃荣 2011）中存在两种不同语序的完成体句子，一种是 SOV 句（我饭吃拉哉/拉了 我吃了饭了），另一种是 SVO（我吃仔/了饭哉/了），SOV 式是上海方言固有句式，SVO 式则借自长江北部官话。

王福堂（2005：36）提到湖南临武居民使用官话和土话交际，他认为早期临武话的官话和土话应该也是有很大差别的，二者在长期的方言接触中，有差别的音类日渐减少，音值相同的音类日渐增多，音系变得相近，原因是和人们希望在双语使用中减少发音上和记忆上的双重负担有关。江荻（2010）也认为共同区域的语言或方言通过接触借用、双语双言行为，或书面语应用行为在人们心理上产生潜移默化的语音或语音结构模式（乃至更进一步的词法和句法结构模式），其心理机制是为了减少多结构带来的心理负担。我们赞同以上看法，相互接触的方言发生趋同现象，或同一区域方言产生区域性语言特征，源于产生某种使结构趋同的心理机制，在这种心理机制作用下，弱势方言（受借方言）模仿强势方言（源方言），诱发了语法成分的借用，通过借用从而逐渐趋同于强势方言。语法成分的借用是语法性音－义单位的迁移，是受借方言没有的成分，如四川客家话自身没有被动标记"着"这个单位而借自官话。

语言中所有成分都可借用，借用的特点之一是"借用成分的等级决定于语言接触的等级，并随着接触等级的增加而增加"（吴福祥2007），借用等级也适用于语法借用，成都和盘龙客家话借用官话成分最少，冷水和铁佛客家话借用官话成分最多，这和四川不同客家方言点跟官话接触强度相关。在借用过程中，受语固有的语法成分和借用成分有个竞争演变过程，会历经叠置阶段。

2 接触引发的语法化

接触引发的语法化是指一种语言受另一种语言的影响而发生的语法化过程，在语法化过程中，提供复制模式的语言称为"模式语（model language，简称M语）"，复制了该模式的语言称为"复制语（replica language，简称R语）"。如果两种或多种有过接触的语言或方言中同时存在"蔟聚"（clustered）式语法化模式，则通常被认为其背后的动因是语言接触引发的语法化（林华勇 李雅伦2014b）。"蔟聚"的语法化模式包括"A > B > C"或"A > B；A > C；A > D"，多表现在多功能的语法形式上。

与语法借用不同的是，多功能语法形式是相接触的方言都固有的成分，在接触的诱发下，相互接触的方言发生了平行语法化的现象。这种演变机制在四川客家话中比较少见，但在其他方言中比较常见，如粤西地区存在粤、闽、客三大汉语方言，该地区双语现象很普遍，林华勇、李雅伦（2014a）指出廉江粤语"正"的多功能用法和当地粤客方言的接触有关，属于接触引发的语法化现象。廉江粤语"正"有形容词、副词（含时间副词、语气副词和关联副词）、先行助词的多功能用法，形容词和关联副词用法可视为早期粤语用法的保留，"正"的其他用法可视为复制语法化（模式语为当地客语）所得。"正"的多功能形成过程，廉江客话是模式语（M），廉江粤语是复制语（R），而［形容词（"端正"等）～助词（先行及语气）］的多功能用法的演变模式则是"［My～Mx］：［Ry～Rx］"中的［y～x］是廉江粤语（R）从廉江客话（M）中复制而来，这是方言接触引发的语法化的典型例子。

判定接触引发的语法化的标准或参数主要有："蔟聚"式语法化模式、语言接触的历史和现状和语法化的相对程度等等（吴福祥 2009）。如贵港粤语的"开［hui^{55}］"有完成体、始续体和意外实现体三种体貌用法（林华勇 李雅伦 2014b），完成体助词"开$_1$"为复制贵港客话完成体助词"开"的用法所得，始续体助词"开$_2$"是粤语固有用法，意外实现体助词"开$_3$"是完成体助词"开$_1$"主观化而来，是贵港粤语自身演变的结果，属于方言的自我创新。可见识别和判定接触引发的语法化的关键性任务是考察清楚演变的动因。

3　构式拷贝

吴福祥（2014）指出，构式拷贝属于语法结构复制的机制之一，指一个语言仿照另一个语言的模式，用自身的语言材料构建出与模式语对等的（形态/句法/话语）结构式。南方民族语言中某些跟汉语一致的结构式，实则源于这些语言对汉语相关结构式的拷贝。构式拷贝机制同样适用于汉语方言接触引发的语法演变，常见于结构或句式的复制。

例如上文探讨了四川客家话名词重叠数量丰富，和闽粤客话差异大，名词重叠式不是自身固有语法特征，也不是方言自变的结果，其来源是由于客家话和官话密切接触后，在构式拷贝机制下，四川客家话利用自身的语料复制出与官话对等的重叠式，例如"罂罂｜痈痈｜癀癀｜崇崇｜镀镀"。量词"A 打 A（餐打餐｜捆打捆）"和"A 把 A（次把次｜件把件）"式在四川客家话有大量分布，表义和官话一致，这是客家话对官话"A 打 A""A 把 A"重叠式的复制。再例如赣东北吴语和徽语方言（胡松柏 2009：546）"AA 起（乌乌起｜焦焦起｜翘翘起｜翻翻起）"式重叠形容词很常用，其表意功能是描述状态，赣语北片基本不用这种格式，赣语东南片弋阳话、铅山话、横峰话都有不少"AA 起"格式，这应该是赣语在构式拷贝机制下，对赣东北吴语"AA 起"结构的复制。

汉语方言之间的接触属于同一语言内部的接触，方言接触引发的语法演变机制主要有语法借用、接触引发的语法化和构式拷贝。方言接触引发的语法演变事实证明，不同语言间接触引发的演变理论和机制同样适用于方言间的研究，由于接触性的系统方言语法语料不易获取，某些相关问题的探讨尚需作进一步的深入论证。

结　语

本书对四川、重庆客家方言岛的语法系统进行了较为全面的调查，主要考察了客家方言的词缀、重叠、代词、否定词、结构助词、动词的体貌和句式。为了更深入地揭示入川已有300左右的客家方言的语法特征及演变规律，本书将四川客家方言点之间，以及与毗邻带官话、闽粤赣客话作比较。得出如下语法特点：

（1）四川客家方言语法发展演变呈现出不平衡性。冷家客家话演变最快，其官话特征最明显，其次是铁佛，乐兴、响石、盘龙、石板滩保留客家方言特征最多。例如"莫"是四川官话常用否定词，"莫"在四川客家方言的分布和频率上存在差异。盘龙客家方言没有"莫"，石板滩、响石、铁佛和冷家方言点"唔爱"和"莫"并存并用，但使用频率不同，石板滩"唔爱"比"莫"常用，冷家常用的是"莫"，"唔爱"却很少使用。即从四川客家方言"唔爱"和"莫"的分布和使用频率看，保留较好的客家方言点以"唔爱"占据优势地位，而冷家客家方言点是受官话影响最大的，以否定副词"莫"为最常用。

四川客家方言发展不平衡主要源于外部因素，首先是方言岛使用人口的多少，其次是交通地理条件。例如官话特征最明显的冷家客家话，客家人居住在海拔855米的高山上，土地贫瘠，交通不便，从方言岛人口数量看，只有2000人左右，由于土地贫瘠，中青年大多外出打工，实际留守在客家村的人很少。而发展演变较慢的盘龙镇客家话，地处浅丘地带，经济发展较好，方言岛人口约4万，因此盘龙客家话借用官话成分少得多。

（2）在方言密切接触下，出现了客家方言和官话特征并存的语法成分。例如盘龙、石板滩方言点既保留了具有客家方言特征的被动标记"拿分"和"分"，也吸收了四川官话常用的被动标记"着"，二者可以任意替换使用。又如表义相同的结构助词"个"和"哩"并存于石板滩和铁佛客家话，"个"

是客家方言原有结构助词，"哩"是四川官话普遍使用的结构助词。但年轻一代倾向于使用"哩"，中老年人倾向于使用"个"。

（3）客家方言某些固有语法特征已被四川官话语法成分所取代。"嫲"是客家方言的特有词，但铁佛镇客家话已无"嫲"表雌性的用法，很多动物的称呼法已和官话趋同。此外，客家话"冇"和"冇得"有动词或副词用法，但铁佛、冷家和乐兴3个点的客家话已无否定词"冇"和"冇得"，被官话"没"或"没得"所取代，盘龙和石板滩客家话也只保留了"冇"和"冇得"的动词用法。

（4）同义语法成分中，使用最普遍的语法形式容易被借用。例如四川官话被动标记有多种形式共存，除"着"外，还有"拿给""给""叫"，但在客家方言里，没有发现被动标记"给""叫"，"拿给"虽然有用作被动标记，但使用频率远远不如"着"高。究其原因，"着"与"拿给""给""叫"等同义成分相比，使用最普遍，"着"用作被动标记，是官话一个显著特征，方言接触过程中，源方言的语法特征能否被受借方言所接受，取决于该语法特征在同义成分中是否占优势。

（5）与闽粤客家话相比，四川客家话名词重叠式数量丰富，显然不是自身固有语法特征，不是方言自变的结果。四川客家话丰富的名词重叠式是在与官话密切接触下，受官话的影响和渗透产生了 AA 式名词重叠这种语法模式，是语法复制机制使四川客家话增加了新的语法特征。

要深入考察四川客家话的语法特征及演变规律，除了将各客家方言岛之间及与毗邻官话作共时比较外，最好和入川时原居地的早期客家话作历时比较。由于缺少这方面的文献资料，本研究在历时比较方面显得比较欠缺，和闽粤赣现代客家话的比较也显得不充分和深入，期待后续研究能弥补本研究的不足。

附　录

附录一　主要发音合作人情况

在田野调查过程中，各方言点的发音合作人都积极、热情、耐心，给予了课题组成员大力支持。现将主要发音合作人相关信息介绍如下：

①重庆荣昌区盘龙镇大建村楠木五组

周顺清，男，生于1940年，小学文化，农民。父母都是客家人，妻子和子女会讲客家话。

李弓书，男，生于1952年，小学数学教师。父母和妻子都是客家人，子女会讲客家话。

②成都市新都区石板滩镇黄果村二组

钟成林，男，生于1945年，初中文化，木匠师傅，农民。父母都是客家人，妻子和子女会讲客家话。

邹昌全，男，生于1957年，小学文化，农民。父母都是客家人，妻子和女儿会讲客家话。

③川南资中县铁佛镇柏龙村（原石堰村三组）

王洪永，男，生于1948年，高小文化，曾担任石堰村支部书记17年。父母、妻子都是客家人，妻子和子女会讲客家话，但子女常用四川话和父母交流。

④川南隆昌市响石镇鹰嘴村九组

魏吉仲，男，生于1948年，高小文化，曾担任鹰嘴村支部书记，父母是客家人，妻子和子女都会讲客家话。

郑宗容，女，生于1953年，小学文化，农民。

⑤川东南邻水县冷家乡大坪村

刘正权，男，生于 1954 年，初中文化。木匠师傅，农民。父母都是客家人。妻子会客家话常用语，子女都不会讲客家话。刘正权的几个弟弟也只会一点儿客家话。（注：调查合作人告诉笔者，他应该姓林。是奶奶改嫁，把他爸爸带到了刘家，于是他爸爸改姓刘，从此他自己及子孙都姓刘。）

⑥川北仪陇县乐兴乡三跳石村五组

陈海容，女，生于 1966 年，初中文化，农民。父母都是客家人，丈夫也是客家人，会讲客家话，日常生活中，和丈夫用广东话交流。子女不会讲客家话，但能听懂。

附录二　四川客家方言音系

荣昌区盘龙镇客家方言音系

1. 声母（共21个，包括零声母）

p 巴北布饱分	pʰ 怕步别盘肥	m 门木妹尾昧	f 风婚冯红花	ʋ 乌雾黄
t 对夺到赌胆	tʰ 大同地铁读	l 老路怒难林		
ts 祖主糟桌知	tsʰ 菜曹潮虫丑		s 三送书食去	z 然瓤如
tɕ 精焦减举节	tɕʰ 秋趣舅近柱	ȵ 人女娘年严	ɕ 心休虚旋死	
k 古共割鸡讲	kʰ 抗跪葵桂	ŋ 鹅硬瓦眼按	h 寒开口活害	
Ø 岸闻袄话言				

说明：

（1）l 有 n、l、d 三种变体，本书统一记作 l。

（2）f 与 u 相拼时有变体 ʋ。

2. 韵母（共有52个，包括自成音节）

ɿ 资支丝师去举	i 齐耳地死虚	u 猪古母布书	y 虑序居曲局
a 巴怕蛇架花夏	ia 姐夜爷写	ua 瓜垮挂	
o 哥河坐鹅过	io 茄		
e 细洗个给	ie 而爹砌□［mie⁴⁵］		ye 靴
	阿〜：妈妈		
ɚ 儿			
ai 大介卖街鞋鸡		uai 怪筷	
oi 菜开盖妹背睡		uoi 外	
ei 杯飞煤围危		uei 对雷醉脆贵跪	
au 包道老高袄交	iau 猋鸟焦桥条		
əu 偷走丑手柔惔	iəu 流九休口后舅		
an 盘胆展三眼	ian 面甜钱元全卷		yan 旋权绢
ɔn 汉岸竿看旱秆		uɔn 短专乱酸官宽	
ən 门分神温根很		uən 嫩准春孙滚	

	in 兵林精人云军群		yn 菌允熏训
aŋ 争硬正声冷钉	iaŋ 病净平名领井		
ɔŋ 党桑讲光床黄	iɔŋ 良抢娘样		
	iuŋ 穷兄用	uŋ 风朋东从红	
ɿʔ 直织十食	iʔ 毕急七席欲	uʔ 木福竹出骨	
aʔ 百麦尺摘客	iaʔ 恰狭		
oʔ 夺落桌合学郭	ioʔ 脚药		
eʔ 色刻杂辣夹鸭	ieʔ 铁接歇月	ueʔ 国刮刷	yeʔ 缺雪决雀
	iuʔ 绿		
m̩ 唔	ŋ̍ 五午武		

说明：

（1）o 韵有偏低的现象，音值接近 ɔ。

（2）韵母 uan 的韵腹 a 有偏后、偏高的现象。

（3）部分入声字无喉塞韵尾，如"鹿、曲、局"等，调类为阳平。

（4）ɿʔ 韵的"直织十食"等字，有时读作 ɚʔ，本义一律记作 ɿʔ。

3. 单字调（共5个）

调类	调值	例字
阴平	45	高开初婚三坐白
阳平	214	穷陈寒鹅年从人
上声	31	古走口丑五手老
去声	51	抗菜汉送共贵谷
入声	5	月药舌食辣七黑

说明：部分入声字喉塞音韵尾消失，大多归入去声调，部分归入其它调。

新都区石板滩镇客家方言音系

1. 声母（共21个，包括零声母）

p 巴布别饱粪	pʰ 怕盘百瓢肥	m 门闻木母妹	f 父福冯红花	ʋ 乌雾围王
t 对夺到赌胆	tʰ 大同地铁读	n 老脑路难兰		
ts 祖主糟桌争	tsʰ 菜曹潮虫杂		s 三苏书师食	z 若然瓢如
tɕ 精焦减举节	tɕʰ 秋趣舅群切	ȵ 人女月娘肉牛	ɕ 心休歇死去	
k 古共割鸡讲	kʰ 口抗跪葵	ŋ 鹅硬牙眼按	h 寒开厚河害	
∅ 岸绕袄闰言				

2. 韵母（共有55个，包括自成音节）

ɿ 资支丝师醋　　　i 齐去耳地死　　　　u 猪古母布书　　y 女趣举虚

a 巴怕蛇架花　　　ia 姐爷夜写　　　　ua 瓜夸挂

o 哥河坐鹅　　　　io 茄□［tɕio⁴⁵］蜷着身子

　　　　　　　　　□［tɕʰio⁴⁵］以刀刺人

ɛ 个欸係给　　　　iɛ 婿洗绩　　　　　　　　　　　yɛ 靴

ər 儿而

ai 大介卖鸡　　　　　　　　　　　　uai 开害怪帅筷

oi 妹背爱才　　　　ioi 艾

ei 杯飞煤围危　　　　　　　　　　　uei 对雷醉贵跪

au 包道老高袄　　　iau 森鸟焦桥条

əu 走丑手柔　　　　iəu 流九休口后舅

an 盘胆展三眼

ɔn 汉岸甘看碗断寒　　　　　　　　　uɔn 短乱酸官船
　　　　　　　　　　　　　　　　　　馆惯宽专

ɛ̃ 跟根很肯　　　　iɛ̃ 边面连线僧元　　　　　　yɛ̃ 卷全旋

ən 门婚村神　　　　　　　　　　　　uən 嫩准春孙滚

　　　　　　　　　in 兵林紧精人　　　　　　　yn 群勋云永

aŋ 横争行硬　　　　iaŋ 净平名井姓影　　uaŋ 秆杆

ɔŋ 党桑讲光张　　　iɔŋ 良抢娘样

　　　　　　　　　iuŋ 穷兄用　　　　　　uŋ 朋东从红公

ɿʔ 直织十食　　　　iʔ 笔别急七日　　　uʔ 木福竹出骨

aʔ 百发辣夹尺　　　iaʔ 壁席额　　　　uaʔ 啄刷刮

oʔ 夺落桌各合　　　ioʔ 曲确欲药

eʔ 色刻　　　　　　iɛʔ 铁接歇月热　　ueʔ 国郭括　　yɛʔ 缺雪决

　　　　　　　　　iuʔ 绿六

m̩ 唔　　　　　　　ŋ̍ 五午

说明：

（1）喉塞韵尾有脱落现象，如入声字"鹿"没有喉塞韵尾，调类为阳平，调值为13。

（2）an 和 ɔn，uan 和 uɔn 韵字有混读现象。

（3）ɿʔ 韵的"直织十食"等字，有时读作 əʳʔ，本义一律记作 ɿʔ。

3. 单字调（共6个）

调类	调值	例字
阴平	45	高开婚三精坐柱
阳平	13	穷陈寒鹅年从人
上声	31	古走口丑五手老
去声	53	抗菜汉送共贵岸
阴入	3	急竹七出歇桌湿
阳入	5	月药落舌直食杂

资中县铁佛镇客家方言音系

1. 声母（共21个，包括零声母）

p 巴布笔饱粪　　　pʰ 怕盘北倍肥　　　m 门木母妹　　　f 飞灰胡花婚　　　ʋ 乌雾危王

t 对夺到赌胆　　　tʰ 大同地铁电　　　n 老脑路难兰

ts 祖主糟桌争　　　tsʰ 菜曹潮虫杂　　　　　　　　　　s 三苏书师食　　　z 然瓢如绕

tɕ 精焦减举节　　　tɕʰ 秋舅群切曲　　　ɲ 女耳鸟肉　　　ɕ 心休歇死去

k 古共割鸡讲　　　kʰ 抗快跪葵　　　　ŋ 硬牙　　　　　h 寒开口河风

ø 鹅岸袄月娘人

2. 韵母（共有53个，包括自成音节）

ɿ 资支丝师　　　　　i 齐去耳地死　　　　u 猪古母布书　　　y 女虚

a 巴怕蛇架花　　　　ia 爷夜写借　　　　ua 话瓜夸挂

o 哥河坐鹅　　　　　io 茄

ɛ 个欸係咳细　　　　iɛ 搣

ər 儿而

ai 大介卖鸡街　　　　　　　　　　　　uai 怪帅快

oi 妹背爱开菜　　　　ioi 艾

ei 杯飞灰煤危　　　　　　　　　　　　uei 对雷醉贵跪

au 包道老高草　　　　iau 猋鸟焦桥条

əu 走丑手斗口　　　　iəu 流九秋休舅

an 盘胆展三眼　　　　ian 边面连线严全　　uan 短专川酸关　　yan 旋元缘软

ɔn 汉岸竿看碗

ən 门婚神根争　　　　　　　　　　　　　　　　uən 嫩准春孙滚

　　　　　in 兵林紧精人　　　　　　　　　　　　yn 群云闰永

aŋ 声硬　　　　　iaŋ 净平名井姓　　　uaŋ 逛秆杆

ɔŋ 党桑讲光张　　　iɔŋ 良抢娘让

　　　　　iuŋ 穷兄用　　　uŋ 朋东从红公

ɿʔ 资直湿十食　　　iʔ 笔急七　　　uʔ 木福竹出骨

aʔ 八发色　　　　　iaʔ 押席　　　uaʔ 啄刷

oʔ 落桌各合郭　　　ioʔ 脚确缺药

ɛʔ 杂舌辣夹　　　　iɛʔ 铁接歇月热　　uɛʔ 国刮　　yɛʔ 雪决

　　　　　iəuʔ 绿六

m̩ 唔　　　　　ŋ̍ 五午

3. 单字调（共 6 个）

调类	调值	例字
阴平	13	高开抽婚三精坐
阳平	31	穷陈寒鹅年从人
上声	53	古走口丑五手老
去声	45	抗菜汉送共贵岸
阴入	3	急竹七出铁桌切
阳入	5	月药落舌食辣杂

隆昌市响石镇客家方言音系

1. 声母（共 21 个，包括零声母）

p 巴北布抱粪　　pʰ 怕步普盘白　　m 马米妹尾问　　f 风坟冯红花　　ʋ 乌外黄

t 东夺到赌短　　tʰ 大同地铁读　　n 老路怒难灵

ʦ 祖主曾争汁　　ʦʰ 菜坐草超初　　　　　　　　s 三山书丝食　　z 人然茸

ʨ 精尖静举节　　ʨʰ 秋千舅近七　　ȵ 女娘年热软　　ɕ 心细虚死去

k 古共官鸡讲　　kʰ 考狂跪葵　　　ŋ 硬饿牙瓦眼　　h 寒开鞋活学

Ø 运爱圆英药鸭

2. 韵母（共有47个，包括自成音节）

⟩ 资支丝师	i 齐皮地死雨	u 猪古母布书	y 女吕锯局虚
a 巴怕蛇扯家花	ia 姐夜爷写	ua 瓜垮挂	
o 歌河坐坡梳	io 茄		
e 欸个给	ie 也		ye 靴
ər 儿而			
ai 大买排街鞋鸡		uai 怪筷帅	
oi 菜开盖妹爱灰		uoi 外	
ei 杯飞美围回		uei 推雷罪脆跪	
au 包道老高毛	iau 猋鸟桥条		
əu 偷走丑手狗	iəu 流九休舅牛		
an 盘南三咸眼	ian 棉减年权圆	uan 关宽短专乱酸	
ɔn 汉岸看旱			
ən 问分根灯升		uən 准春孙滚笋	
	in 兵林精近人		yn 运菌裙熏
aŋ 争硬声冷钉横	iaŋ 病净名领影		
əŋ 帮桑糖光床黄	iɔŋ 良抢娘香		
	iuŋ 穷兄用	uŋ 风朋东从红	
	iʔ 急笔七极历	uʔ 木福哭秃谷	
aʔ 百麦尺石达			
oʔ 鸽合脱学郭	ioʔ 脚药		
eʔ 舌实默刻直	ieʔ 铁接别热缺雪	ueʔ 国骨	
	iuʔ 六绿		
ŋ 唔五午武			

3. 单字调（共5个）

调类	调值	例字
阴平	45	高开初婚三精坐
阳平	13	穷陈寒爱年从人
上声	31	古走口丑五手老
去声	51	抗菜汉送岸竹七
入声	5	急割湿月舌食辣

说明：部分阴入字喉塞音韵尾消失，归入去声调。

邻水县冷家乡客家方言音系

1. 声母（共21个，包括零声母）

p 巴布笔饱	pʰ 怕盘坡牌	m 门木母妹	f 飞灰胡花婚	ʋ 乌雾
t 对到赌胆电	tʰ 大同地铁	n 老脑路难兰		
ts 祖主糟争走	tsʰ 菜坐曹潮虫		s 三苏书师食	z 入软
tɕ 精焦减举节	tɕʰ 秋舅群切曲	ȵ 女娘人年你	ç 心休歇死	
k 古共割街讲	kʰ 抗快跪开口	ŋ 硬岸牙按	h 寒好害鞋	
∅ 鹅月闻让				

说明：l 有 n、l、d 三种变体，本书统一记作 l。

2. 韵母（共有53个，包括自成音节）

ɿ 资支丝师知	i 齐地死姐去	u 猪古母布书	y 女虚举
a 巴怕蛇架花	ia 爷夜写野	ua 话瓜夸挂	
o 哥河坐鹅	io 茄		
ɛ 个欸係咳			
ər 儿耳			
ai 大来摆卖街	iai 介	uai 怪帅快	
ɔi 妹背开菜灰			
ei 杯飞煤细		uei 对雷醉贵跪	
au 包道老高草	iau 鸟焦桥条		
əu 走丑手斗	iəu 流九秋口休舅		
an 盘胆展三难	ian 边面连线严元	uan 专关	yan 全旋远
ɔn 汉岸竿看碗		uɔn 短船酸宽短蒜	
ən 门婚神根争		uən 嫩准春孙滚	
	in 兵林紧精人		yn 群云
	iaŋ 净病名井姓	uaŋ 秆秆（麦秆）	
ɔŋ 党桑讲床仓硬	iɔŋ 良抢娘让	uɔŋ 光黄王双霜疮	
	iuŋ 穷兄用永	uŋ 朋东从红公	
ɿʔ 资直湿十食	iʔ 笔急七	uʔ 木六绿竹出骨	
aʔ 发杂尺夹辣客	iaʔ 押掐	uaʔ 刮刷	

oʔ 落各合郭　　　　　ioʔ 脚确药

ɛʔ 舌北　　　　　　　iɛʔ 接歇节月　　　　uɛʔ 国　　　　　yɛʔ 缺雪决

　　　　　　　　　　　iuʔ 局菊

m̩ 唔　　　　　　　　ŋ̍ 五午

说明：韵母 au 和 iau 的韵腹 a 偏后偏高，实际音值接近 ɔ。

3. 单字调（共 5 个）

调类	调值	例字
阴平	33	高开抽婚三精坐
阳平	21	穷陈寒鹅年从人
上声	41	古走口丑五手老
去声	25	抗菜汉送共贵岸
入声	5	急竹七月舌食辣

仪陇县乐兴乡客家方言音系

1. 声母（共 21 个，包括零声母）

p 巴布别饱粪　　　pʰ 怕盘百票肥　　　m 门木母妹毛　　　f 福花黄　　　ʋ 乌雾温王闻

t 多到赌胆　　　　tʰ 大同地铁读　　　l 老脑路难兰

ts 祖主争杂　　　　tsʰ 菜曹潮虫　　　　　　　　　　　s 苏书师食死　　z 若然软瓢绕

tɕ 精焦减举节　　　tɕʰ 秋区舅群切　　　ȵ 女牛让鸟　　　ɕ 心休歇

k 古共割鸡街讲　　kʰ 口抗跪葵　　　　ŋ 鹅硬牙眼按　　　h 寒鞋咸冯红

Ø 乌话袄人娘

2. 韵母（共有 60 个，包括自成音节）

ɿ 资丝　　　　　　　i 皮齐二去死　　　　u 猪古布书　　　y 女锯区鱼

a 巴怕蛇架花　　　　ia 爷夜写野惹　　　　ua 瓜夸挂挖话

o 哥河坐鹅

ɛ 狗欸系给　　　　　iɛ 藕牛怄　　　　　　　　　　　yɛ 靴

ər 儿而

ai 大牌楼卖街　　　　　　　　　　　　　　uai 怪帅筷

oi 妹背开海

ei 杯飞细鸡会　　　　　　　　　　　uei 对雷醉贵跪

au 包老高袄　　　　iau 表焦桥

əu 丑手柔多哥火　　　iəu 流九休舅

an 盘胆展三眼　　　　ian 边面千连线　　uan 短团蒜馆宽　　yan 全选元

ɔn 看汗　　　　　　　　　　　　　　uɔn 碗酸船

ən 门婚村神根肯　　　　　　　　　　uə 嫩准春孙滚

　　　　　　　　　in 兵林紧精人　　　　　　　　　　yn 军群云永

aŋ 争生硬声坑　　　iaŋ 瓶病名井姓　　uaŋ 网横

ɔŋ 党桑讲床忙　　　iɔŋ 良抢娘羊江　　uɔŋ 狂光

　　　　　　　　　iuŋ 穷兄用容　　　uŋ 朋东从红公

ɿʔ 直十食　　　　　iʔ 笔密急七日　　uʔ 薄族屋木福

aʔ 八麦发夹尺鸭　　iaʔ 壁押压　　　　uaʔ 啄刷刮

oʔ 夺落桌各合　　　ioʔ 雀学确药脚　　uoʔ 郭

ɛʔ 色刻北　　　　　iɛʔ 铁接歇热　　　uɛʔ 国括　　　　yɛʔ 缺雪决

eiʔ 织　　　　　　　　　　　　　　　ueiʔ 出骨

　　　　　　　　　iuʔ 曲

əuʔ 毒绿六竹熟　　　iəuʔ 肉

m̩ 唔　　　　　　　　n̩ 你　　　　　　　ŋ̍ 五午

3. 单字调（共6个）

调类	调值	例字
阴平	33	高开婚三精坐
阳平	21	穷陈寒鹅年从人
上声	53	古走口丑五手老
去声	13	抗菜汉送共贵岸
阴入	5	急竹七出歇湿
阳入	3	月药舌六食杂

参考文献

曹志耘 1998 汉语方言里表示动作次序的后置词，《语言教学与研究》第 4 期。

陈保亚 1996 《论语言接触与语言联盟》，语文出版社。

陈保亚 1999 《20 世纪中国语言学方法论》，山东教育出版社。

陈保亚 2005 语言接触导致汉语方言分化的两种模式，《北京大学学报》第 2 期。

陈保亚 2006 从语言接触看历史比较语言学，《北京大学学报》第 2 期。

陈秀琪 2006 语言接触下的方言变迁——以台湾的诏安客家话为例，LANGUAGE AND LINGUISTICS，7.2。

陈延河 1991 惠东多祝客家话名量词、数词的"A 打 A"重叠式，《暨南学报》第 4 期。

崔荣昌 1985 四川方言的形成，《方言》第 1 期。

崔荣昌 1996 《四川方言与巴蜀文化》，四川大学出版社。

崔荣昌 2011 《四川境内的客方言》，巴蜀书社。

戴耀晶 1997 《现代汉语时体系统研究》，浙江教育出版社。

邓玉荣 1998 贺县客家话量词的衍音重叠，《广西梧州师范高等专科学校学报》第 4 期。

董同龢 1956 《华阳凉水井客家话记音》，科学出版社。

段英 2002 四川黄联关客家话与梅县客家话的比较，《汕头大学学报》第 4 期。

甘甲才 2003a 中山客家话代词系统，《华南师范大学学报》第 3 期。

甘甲才 2003b 中山客家话研究，汕头大学出版社。

高晓虹 2010 助词"了"在山东方言中的对应形式及相关问题，《语言科学》第 2 期。

龚娜、罗昕如 2010 湘语在广西境内的接触与演变个案研究——以广西资源话为例，《湖南师范大学社会科学学报》第 2 期。

何耿镛 1993《客家方言语法研究》，厦门大学出版社。

胡松柏 2009《赣东北方言调查研究》，江西人民出版社。

黄尚军、曾为志 2007 四川新都客家话音系，《重庆三峡学院学报》第 4 期。

黄婷婷 2009《丰顺（三汤）客家方言助词研究》，中山大学博士学位论文。

黄婷婷 2009 广东丰顺客家方言的差比句，《方言》第 4 期。

黄雪贞 1982 永定（下洋）方言形容词的子尾，《方言》第 3 期。

黄雪贞 1986 成都市郊龙潭寺的客家话，《方言》第 2 期。

黄雪贞 1987 客家话的分布与内部异同，《方言》第 2 期。

黄雪贞 1994 客家方言的词汇和语法特点，《方言》第 4 期。

黄雪贞 1995《梅县方言词典》，江苏教育出版社。

黄映琼 2006《梅县方言语法研究》，西南大学硕士学位论文。

江获 2010 回辉语揭示的语言接触感染机制，《民族语文》第 6 期。

柯理思 1995 北方官话里表示可能的动词词尾"了"，《中国语文》第 4 期。

柯理思 2001 从普通话里跟"得"有关的几个格式去探讨方言类型学，《语言研究》第 2 期。

柯理思 2002 客家话里表示"暂时 VP 吧"、"先 VP 再说"的句末形式"正"，载《客家方言研究》（第四届客方言研讨会论文集），暨南大学出版社。

孔令达 1986 关于动态助词"过$_1$"和"过$_2$"，《中国语文》第 4 期。

兰玉英 2005《洛带客家方言研究》，四川人民出版社。

兰玉英 2005 成都东山客家方言中"公"、"嫲"的语言解读和文化解读》，《中华文化论坛》第 1 期。

兰玉英 2007《泰兴客家方言研究》，中国社会科学出版社。

兰玉英、曾为志 2007 成都洛带客家方言"子"尾的用法研究，《西华大学学报》第 2 期。

兰玉英 2008 成都客家方言词汇与文化简论，《成都信息工程学院学报》第 5 期。

兰玉英、曾为志 2011 成都客家方言基本词汇的演变方式初探,《西南民族大学学报》第 2 期。

兰玉英、曾为志、闵卫东 2013 四川客家方言的语音特点及其分区,《西南民族大学学报》第 5 期。

兰玉英、蓝鹰、曾为志等 2015《汉语方言接触视角下的四川客家方言研究》,中国社会科学出版社。

李荣 2003《现代汉语方言大词典》,江苏教育出版社。

李如龙 1996《动词的体·前言》,张双庆主编(香港中文大学中国文化研究所吴多泰中国语文研究中心)

李如龙 2013 论语言接触的类型、方式和过程,《青海民族研究》第 4 期。

李如龙、张双庆 1992《客赣方言调查报告》,厦门大学出版社。

李文泽 1995 四川的客家人和客家方言,《中国典籍与文化》第 1 期。

李小华 2014《闽西永定客家方言虚词研究》,华南理工大学出版社。

李宇明 2000《汉语量范畴研究》,华中师范大学出版社。

李宗江 1994 "V 得(不得)"与"V 得了(不了)",《中国语文》第 5 期。

李作南 1965 客家方言的代词,《中国语文》第 3 期。

林华勇 2014《廉江粤语语法研究》,北京大学出版社。

林华勇、李雅伦 2014a 廉江粤语"头先"和"正"多功能性的来源,《中国语文》第 4 期。

林华勇、李雅伦 2014b 贵港粤语"开"的多功能性及其来源,《现代中国语研究》,2014(第 16 期)。

林立芳 1996 梅县方言动词的体,载《动词的体》(张双庆主编,香港中文大学中国文化研究所吴多泰中国语文研究中心)。

林立芳 1999 梅县方言的结构助词,《语文研究》第 3 期。

林立芳 1999《梅县方言的代词》,载《代词》(李如龙、张双庆主编),暨南大学出版社。

刘汉银 2006《南康客家方言语法研究》,云南师范大学硕士学位论文。

刘纶鑫 2001《江西客家方言概况》,江西人民出版社。

刘若云 2003 惠州话形容词的重叠式,《中山大学学报》第 2 期。

刘月华 1988 动态助词"过₂过₁了₁"用法比较，《语文研究》第 1 期。

刘月华 1980 可能补语用法的研究，《中国语文》第 4 期。

吕叔湘 1956《中国文法要略》，商务印书馆。

罗昕如、刘宗艳 2013 方言接触中的语序个案考察——以桂北湘语为例，《湖南师范大学社会科学学报》第 3 期。

罗自群 2004 现代汉语方言持续标记的类型，《语言研究》第 1 期。

彭晓辉 2010"们"的竞争演变过程：汉语语法的词汇扩散，《南开语言学刊》第 2 期。

钱乃荣 2011 SOV 完成体句和 SVO 完成体句在吴语中的接触结果，《中国语文》，第 1 期。

瞿霭堂 2004 语音演变的理论和类型，《语言研究》第 2 期。

屈哨兵 2004《现代汉语被动标记研究》，华中师范大学博士学位论文。

饶长溶 1988 长汀方言名词后缀"哩"和"子"，《烟台大学学报》第 3 期。

饶长溶 1996a 福建长汀方言动词的体貌，《中国语文》第 6 期。

饶长溶 1996b 长汀方言助词"嘛"和"唎"，《语文研究》第 2 期。

施其生 1996 汕头方言的"了"及其语源关系，《语文研究》第 3 期。

施其生 1997 论汕头方言中的"重叠"，《语言研究》第 1 期。

史有为 2003 汉语方言"达成"貌的类型学考察，《语言研究》第 3 期。

宋伶俐、朴正俸 2010 成都客家方言岛词汇使用现状调查——以"华阳凉水井客家话"为例，《暨南学报》第 1 期。

王春玲 2011《西充方言语法研究》，中华书局。

王春玲 2014a 四川客家方言的代词的比较研究，《中國文學研究》第四十期。

王春玲 2014b 四川客家方言の受動マーカーについて，《中國語學研究·開篇》第 33 期。

王春玲 2017 方言接触引发的语法演变，《西南大学学报》第 4 期。

王福堂 2005《汉语方言语音的演变和层次》，语文出版社。

王洪君 2006 文白异读、音韵层次与历史语言学，《北京大学学报》第 2 期。

王洪君 2014《历史语言学方法论与汉语方言音韵史个案研究》，商务印书馆。

王庆 2006《龙潭寺客家话语音研究》，西南大学硕士学位论文。

温昌衍 2006《客家方言》，华南理工大学出版社。

吴福祥 1998 重谈"动 + 了 + 宾"格式的来源和完成体助词"了"的产生，《中国语文》，第 6 期。

吴福祥 2002 汉语能性补语结构"V 得/不 C"的语法化，《中国语文》第 1 期。

吴福祥 2007 关于语言接触引发的演变，《民族语文》第 2 期。

吴福祥 2008 南方语言正反问句的来源，《民族语文》第 1 期。

吴福祥 2009 语法化的新视野——接触引发的语法化，《当代语言学》第 3 期。

吴福祥 2013 关于语法演变的机制，《古汉语研究》第 3 期。

吴福祥 2014 结构重组与构式拷贝——语法结构复制的两种机制，《中国语文》第 2 期。

郂远春 2012《成都客家话研究》，中国社会科学出版社。

项梦冰 1989 连城（新泉）话相当于北京话"的"字的语法成分，《方言》第 1 期。

项梦冰 1990 连城（新泉）话的反复问句，《方言》第 2 期。

项梦冰 1992 连城（新泉）方言的人称代词，《方言》第 3 期。

项梦冰 1993 连城（新泉）方言的疑问代词，《方言》第 3 期。

项梦冰 1997《连城客家话语法研究》，语文出版社。

项梦冰 1999《清流方言的代词系统》，载《代词》（李如龙、张双庆主编），暨南大学出版社。

萧国政 2000 武汉方言"着"字与"着"字句，《方言》第 1 期。

谢留文、黄雪贞 2007 客家方言分区（稿），《方言》第 3 期。

徐荣 2012《汉语方言深度接触研究》，复旦大学博士学位论文.

徐世璇 2010 土家语语音的接触性演变，《民族语文》第 5 期。

徐通锵 1991《历史语言学》，商务印书馆。

严修鸿 1999 客家方言人称代词单数"领格"的语源，载《代词》（李如龙、张双庆主编），暨南大学出版社。

意西微色·阿错 2001 藏汉混合语"倒话"述略，《语言研究》第 3 期。

游汝杰 2004 《汉语方言学教程》，上海教育出版社。

［美］余霭芹著，陈世民译 1997 语法演变中的词汇——汉语语法的词汇扩散，载《汉语方言论集》（黄家教主编），北京语言文化大学出版社。

喻遂生 1988 重庆话名词的重叠构词法，《语言学论丛》（第 15 辑）。

袁家骅等 1983 《汉语方言概要》（第二版），文字改革出版社。

曾令连 2009 《福建宁化客家方言与泉州闽南方言语法比较研究》，广西大学硕士学位论文。

曾为志 2006 《新都客家话与梅县客家话及成都官话词汇比较研究》，四川师范大学硕士学位论文。

曾晓渝 2009 从汉借词看侗台语的送气声母，《民族语文》第 2 期。

张双庆、庄初升 2001 从巴色会出版物看一百多年前新界客家话的否定词和否定句，《语言研究》第 4 期。

张桃 2004 《宁化客家方言语法研究》，厦门大学博士学位论文。

张一舟、张清源、邓英树 2001 《成都方言语法研究》，巴蜀书社。

赵元任 1979/2005 《汉语口语语法》，商务印书馆。

周冀（2007）《隆昌客家话语音研究》，西南大学硕士学位论文。

周日健 1994 广东省惠东客家方言的语缀，《方言》第 2 期。

朱炳玉 2010 《五华客家话研究》，华南理工大学出版社。

朱德熙 1985 汉语方言里的两种反复问句，《中国语文》第 1 期。

朱德熙 1999 《朱德熙文集》（第 3 卷），商务印书馆。

朱玉宾 2016 汉语方言同形标记词的处置式和被动式，《沈阳大学学报》第 1 期。

庄初升 2007 一百多年前新界客家方言的体标记"开"和"里"，《暨南学报》第 3 期。

庄初升、黄婷婷 2014 《19 世纪香港新界的客家方言》，广东人民出版社。

左林霞 2001 孝感话的"把"字句，《孝感学院学报》第 5 期。

后　记

客家人入川已有 300 年左右，他们大多采取"大分散、小聚居"的方式，形成大小不等的方言岛。率先关注四川客家话的是董同龢先生，1946 年董同龢先生系统调查了华阳凉水井的客家话，整理成《华阳凉水井客家话记音》。之后四川客家方言逐渐引起学界的注意，研究成果不断涌现，大大促进了四川客家方言研究。已有成果多集中在语音、词汇及客家方言的来源和文化阐释方面，语法研究显得略微滞后，崔荣昌在《四川境内的客方言》（2011）一书中明确指出："我们在调查四川客家话的时候，由于时间、精力有限，所搜集和记录的语法材料可以说太少了。"受此启发，2012 年我申请到教育部人文社科项目，以四川客家方言语法为研究重点，希望在客家方言岛消失之前，为四川客家方言研究尽一点儿绵薄之力。

本书是我主持的教育部人文社科项目的最终成果，在书稿即将付梓之际，我要特别感谢导师中山大学的施其生教授和庄初升教授。我于 2005 年秋进入中山大学攻读博士学位，师从施其生教授。之前虽很喜欢方言，但还没真正系统调查研究过方言语法，是施其生先生让我感受到了方言语法的无穷魅力，先生踏实、严谨、精益求精的治学精神，深深影响着我。庄初升教授一直以来非常关心我的成长，从选题、立项、调查、写作到完成，无不凝聚着庄老师的心血。在研究报告完成后，曾请庄老师看过初稿，庄老师给我指出了疏漏之处，这无疑对提高本书的质量起了重要作用。

本书的初稿是在日本访学期间完成的，早稻田大学古屋昭弘教授及夫人和平老师为我提供了良好的科研条件，使我能够顺利完成书稿，在此致以最真诚的谢意。古屋先生及和平老师不但关心我的学业，生活方面也给予了很多关心、关爱，使身处异国他乡的我不感到孤独和寂寞。访学期间，我还多次参加了古屋先生主持的语言学沙龙，先后三次报告了本研究的阶段性成果。在沙龙上，讨论很热烈，古屋先生和同窗给我提出了很好的建议，使我获益良多。高山亮太博士百忙之中帮我翻译、校对日文，马之涛先生、韩小荆教授、藤田拓海先生、官内骏先生等同学和我同窗学习，相互交流，谢谢你们！

感谢我的责任编辑邵永忠先生，邵先生字斟句酌，不放过一处有疑问的地方，工作认真、严谨、一丝不苟。西南大学文学院为研究工作提供了良好的科研条件，感谢王本朝院长以及各位领导及同仁！向给本书的写作和出版以真诚帮助的的同门师兄林华勇教授、师姐辛永芬教授、师妹陈山青教授、金健副教授、黄婷婷博士等致以最真诚的谢意。

田野调查过程中，发音合作人都积极、热情、耐心，对我们的工作给予了大力支持，其中有很多让我感动的地方。到邻水县冷家乡调查时，街上一家旅馆也没有，很有可能露宿街头，热心的刘文丽女士邀请我们住到她家，她把大床让给我们，自己却和丈夫、孩子蜗居在里间的小床上，至今想起来仍让我非常感动。为送我们到马鞍镇住宿，仪陇乐兴小学的张立校长驾私车于崎岖的小道上往返奔波两个小时，盘龙周顺清老人送我客家人秘制的甜蒜，黄代珍女士送我刚从地里摘得的大豆、玉米，特别是盘龙大建村年近八十岁的刘复先婆婆硬要颤颤巍巍地，烧柴火给我们做饭，闻着儿时熟悉的柴火味，让我热泪盈眶，再此一并向各位发音人及到各地调查时的联系人致以诚挚的谢意。

最后感谢我的家人，没有他们的倾力相助，我不可能按时完成研究任务。年近八十的父母承担了繁重的家务，买菜做饭，还帮我照顾孩子，为的是让我有更多的时间从事研究，而我在他们需要的时候却不能尽孝！2014年出国访学期间，妈妈不幸得了重病，我回国只能待一小段时间，不能自始至终守候在妈妈床前，陪她度过最艰难的时光，这事让我抱憾终生，每每想起妈妈就泪流满面，我想借此书告慰妈妈在天之灵。感谢我先生，他既给我精神上莫大的支持，又给我提供了足够的后勤保障，先生尽量抽出时间，送我到乡下调查，结束后再到乡下接我回家，为的是免去我舟车劳顿之苦。感谢我的女儿，女儿贴心懂事，让我有更多的时间和精力去完成研究任务。

感谢所有关心我的人！

由于本人才疏学浅，书中肯定存有不少错漏之处，恳请各位方家批评指正。

王春玲

2016 年 12 月于重庆北碚

责任编辑：邵永忠

封面设计：黄桂月

责任校对：吕　飞

图书在版编目（CIP）数据

四川客家方言语法比较研究／王春玲 著 . —北京：人民出版社，2018.3

ISBN 978 - 7 - 01 - 019107 - 2

Ⅰ . ①四… Ⅱ . ①王… Ⅲ . ①客家话—语法—方言研究—四川 Ⅳ . ①H176

中国版本图书馆 CIP 数据核字（2018）第 054989 号

四川客家方言语法比较研究

SICHUAN KEJIA FANGYAN YUFA BIJIAO YANJIU

王春玲　著

人 民 出 版 社 出版发行

（100706　北京市东城区隆福寺街 99 号）

北京中科印刷有限公司印刷　新华书店经销

2018 年 3 月第 1 版　2018 年 3 月北京第 1 次印刷

开本：710 毫米 × 1000 毫米 1/16　印张：11

字数：210 千字

ISBN 978 - 7 - 01 - 019107 - 2　定价：38.00 元

邮购地址　100706　北京市东城区隆福寺街 99 号

人民东方图书销售中心　电话（010）65250042　65289539